GUSTAV ADOLF SEECK

Platons *Gorgias*

Einführende Übersetzung und Kommentar

FELIX MEINER VERLAG
HAMBURG

PHILOSOPHISCHE BIBLIOTHEK BAND 734

Bibliografische Information der Deutschen Nationalbibliothek

Die Deutsche Nationalbibliothek verzeichnet diese Publikation in der Deutschen Nationalbibliografie; detaillierte bibliografische Daten sind im Internet über ⟨http://portal.dnb.de⟩ abrufbar.
ISBN 978-3-7873-3773-6
ISBN eBook 978-3-7873-3774-3

www.meiner.de

 Satz: satz&sonders GmbH, Dülmen. Druck und Bindung: Beltz, Bad Langensalza. Werkdruckpapier: alterungsbeständig nach ANSI-Norm resp. DIN-ISO 9706, hergestellt aus 100 % chlorfrei gebleichtem Zellstoff. Printed in Germany.

INHALT

VORWORT

Der *Gorgias* ist »einer der umfangreichsten und inhaltlich vielfältigsten und komplexesten Dialoge Platons«.[1] Die Lektüre macht daher einige Mühe, was manche Leser zu dem Urteil veranlaßt hat, er sei zu lang.[2] Das hat dazu geführt, daß man ihn nicht immer genau und daher unter einer falschen Voraussetzung gelesen hat.

Nach gängiger Meinung handelt es sich beim *Gorgias* um ein Gespräch zwischen Sokrates und drei uneinsichtigen Personen, wobei Sokrates am Ende obsiegt. Der Dialog ist danach ein ›Protreptikos‹, eine Mahnung zur Philosophie.[3] Das ist richtig, aber der Dialog zeigt auch, daß die Mahnung keinen Erfolg hat und warum das nicht möglich ist.

Man kann bei der Lektüre von Platons *Gorgias* das Gefühl haben, sich mitten in heutigen Diskussionen um den Konflikt zwischen weltweiter politischer Praxis und ethischen Forderungen (»ethische Werte«, »Menschenrechte«) zu befinden. Drei Realisten versuchen einem etwas weltfernen Idealisten zu erklären, wie es in der Welt zugeht. Dieser will die Welt verbessern, nimmt »das Gute« zum Maßstab und rät, sich aus der Politik zurückzuziehen, bis man weiß, was das Gute ist. Obwohl er einerseits behauptet, seine Gesprächspartner durch Beweise widerlegt zu haben, verweist er andererseits abschließend auf eine religiöse Instanz, die im Jenseits das Gute und die Gerechtigkeit in seinem Sinne vertritt und durchsetzt.

Die hier vorgelegte (konzentrierte) Übersetzung mit eingeschobenem Kommentar will diese Grundstruktur deutlich

[1] Dalfen S. 7. Vgl. hierzu das Sachregister im vorliegenden Band.

[2] Dalfen S. 108: »Man empfand ihn als verwirrend und unbefriedigend, als zu lang und zu langatmig.«

[3] Wilamowitz S. 231

machen und läßt deswegen nebensächliche Komplikationen, die davon ablenken, beiseite. Den am *Gorgias* Interessierten soll durch diese Konzentration auf das Wesentliche der Zugang erleichtert werden. So wird, wenn Sokrates mehrere Fragen nacheinander stellt, die von seinem Gesprächspartner einzeln bejaht werden, nur das letzte »Ja« genannt. Außerdem werden längere Passagen, die durch Beispiele oder zusätzliche Erläuterungen dem Leser Schwierigkeiten bereiten können, so zusammengefaßt, daß die wesentliche Aussage möglichst klar herauskommt.

Der Kommentar beschränkt sich auf das eigentliche Thema, die Auseinandersetzung zwischen politischer Realität und idealistischen Hoffnungen, und geht nicht auf Namen, Beispiele und zusätzliche Gedanken ein, die damit nicht direkt zusammenhängen. Es werden auch keine Meinungen aus der bisherigen Forschung diskutiert, da sie auf das Thema Realismus/Idealismus so gut wie gar nicht eingehen. Diese Konzentration soll denjenigen als Einstieg dienen, die nicht die Zeit haben, den Dialog in vollständigeren Übersetzungen oder gar im griechischen Original in allen Details zu studieren. Die kursiven Zwischentitel sollen die Vielfältigkeit der diskutierten Einzelfragen zeigen. Das gilt besonders für Sokrates' Gespräch mit Kallikles, das als Höhepunkt des Dialogs anzusehen ist, weil es dort um die wichtigste aller politischen Fragen, um Leben und Tod, geht.

Zugrunde liegt der griechische Oxfordtext von Burnet, nach dessen Zeilenzählung zitiert wird. Wohl um Raum zu sparen, hat Burnet den Sprecherwechsel nicht immer durch Zeilenwechsel, sondern nur durch Gedankenstriche in derselben Zeile optisch angezeigt. Dadurch sind in seiner Ausgabe Sinneinschnitte öfter schwer zu erkennen. In der vorliegenden Übersetzung sind möglichst genaue Zeilenangaben am Rand und auch innerhalb des Textes hinzugefügt, damit kritische Leser jederzeit die entsprechenden Stellen in anderen Übersetzungen oder im griechischen Original finden können.

EINLEITUNG

1. Das Thema des Dialogs

In Platons *Gorgias* geht es um den Konflikt zwischen politischer Realität (Wettbewerb, Ungleichheit) und ethischem Ideal (Gleichheit). Obwohl in der Theorie alle Menschen gleich sind, gibt es im realen Leben Politiker und einfache Bürger, Arbeitgeber und Arbeitnehmer, Reiche und Arme. Insgesamt beruhen Politik und Wirtschaft auf Wettbewerb. Das widerspricht der theoretischen Gleichheit der Menschen, weswegen es schon im antiken Griechenland Überlegungen gab, wie man die Gleichheit zu ihrem Recht kommen lassen kann. Man erfand daher die Demokratie, in der alle Menschen gleichberechtigt sind, aber Wettbewerb erlaubt ist. Wettbewerb ist nützlich, weil er zu Fortschritten führt, er ist jedoch schädlich, wenn daraus die Unterdrückung anderer wird.

Dieser Konflikt ist nicht auflösbar, sondern kann nur durch einen Kompromiß entschärft werden. Ein heutiger Versuch dazu ist die sogenannte soziale Marktwirtschaft. Platon bietet in seinem *Gorgias* keine Lösung an, sondern zeigt nur das Problem. Er geht von der Rhetorik aus, durch die sich der bessere Redner in der Demokratie Vorteile verschaffen kann, und kommt dann zu dem übergeordneten Problem, daß in Politik und Wirtschaft diejenigen, die konsequent und oft auch rücksichtslos auf ihren Vorteil bedacht sind, eine Oberschicht bilden und dem einfachen Volk nur sehr begrenzte Mitsprache zugestehen.

Sokrates glaubt die Lösung zu kennen. Wenn nämlich alle Menschen »das Gute« als Maßstab anerkennen, würde der Wettbewerb so gezähmt, daß auch die Unterschicht gut leben kann. Er behauptet, daß sich letzten Endes immer das Gute als stärker erweist. Darunter versteht er jedoch ein theoretisches

absolute Gute, obwohl es in der Realität nur **relativ** Gutes gibt. Wenn er am Ende des Dialogs erklärt, das absolut Gute werde durch ein Gericht im Jenseits durchgesetzt, ist das ein frommer Glaube, der – damals wie heute – nur von entsprechend frommen Menschen geteilt wird und in der politischen Praxis nur eine negative Rolle spielt. Aber die weitaus meisten Menschen halten es – damals wie heute – glücklicherweise für »gut«, daß es bestimmte Regeln (Gesetze) für das Zusammenleben gibt, und richten sich danach. Sie sind bereit, sich an diese Spielregeln zu halten, weil sie keine Anarchie wollen, in der das Recht des Stärkeren gilt.

2. Die Personen

Im *Gorgias* läßt Platon fünf Personen auftreten: Sokrates, Chairephon, Gorgias, Polos und Kallikles. Außer bei Kallikles wissen wir, daß es historische Personen sind, aber im *Gorgias* kommt es allein darauf an, welche Rolle Platon sie spielen läßt.

Gorgias ist ein weithin berühmter Redner und Redelehrer aus Sizilien, der Vorträge hält und anbietet, Fragen zu beantworten. Zur Zeit wohnt er als Gast bei Kallikles in Athen. Er ist nach Platon ein freundlicher älterer Herr, höflich und so gutmütig, um auch naive, sogar unhöfliche Fragen (vermutlich amüsiert lächelnd) zu beantworten. Platon mußte damit rechnen, daß seine Leser an den historischen Gorgias dachten und z.B. dessen philosophische Schrift *Über das Nichtseiende* kannten.

Sokrates kommt zum Haus des Kallikles, um Gorgias zu treffen und mit ihm zu reden. Ob sie sich bereits früher begegnet sind, bleibt offen. Aber Gorgias wird wahrscheinlich von ihm gehört haben und ist möglicherweise vor ihm gewarnt worden. Sokrates ist im *Gorgias* ein geübter Frager, der versucht, seinen Antwortern Widersprüche nachzuweisen. Man könnte sich wundern, wieso sich der berühmte Gorgias von ihm befragen läßt. Aber Gorgias, der natürlich alle rhetorischen Tricks kennt, scheint prüfen zu wollen, was Sokrates da zu bieten hat. Sokrates führt theoretische Wissenschaft und vermeintliche absolute Wahrheit und schließlich sogar religiöse Vorstellungen gegen die praktische Erfahrung ins Feld und scheint vor sophistischem Spiel mit Begriffen nicht zurückzuscheuen.

Chairephon, Sokrates' Begleiter, behauptet, Gorgias sei sein Freund (447b2). Wir erfahren jedoch nicht, wie er zu dieser erstaunlichen Ehre kommt. Aus Platons *Apologie des Sokrates* (21a) wissen wir, daß der historische Chairephon beim Orakel von Delphi angefragt haben soll, ob jemand weiser als Sokrates sei.

Polos ist ein jüngerer Redelehrer, anscheinend Gorgias' Schüler und Reisebegleiter. Er verehrt Gorgias und ist besorgt, daß dieser sich aus Gutmütigkeit zu viel zumutet. Sokrates nennt ihn jung (463e2) und erwähnt eine Schrift von ihm, die er kürzlich gelesen habe (462b11); Polos wird im Dialog *Phaidros* (267b10) als Verfasser einer rhetorischen Stillehre erwähnt. Im *Gorgias* mischt er sich übereifrig ein, als er fälschlich glaubt, Gorgias sei durch Sokrates in Bedrängnis gebracht worden.

Kallikles ist ein reicher Hausbesitzer, in dessen Haus die Diskussion vor weiteren Zuhörern stattfindet. Er ist ein angehender (515a2) Politiker, der schon Reden in der Volksversammlung gehalten hat (481e1–3). Ob es sich um eine historische Figur handelt, ist, wie gesagt, fraglich. Er mischt sich ein, als er den Eindruck hat, Polos habe sich von Sokrates über den Tisch ziehen lassen.

3. Szeneneinteilung

Einleitende Szene (447a1–449a2): Sie besteht aus zwei Teilen, von denen der erste außerhalb, der zweite innerhalb des Hauses von Kallikles spielt. In der Platon-Forschung gibt es auch die Meinung, es handle sich um ein öffentliches Gebäude in der Stadt.

Drei Einzelgespräche:
Sokrates – Gorgias (449a2–461b1)
Sokrates – Polos (461b2–481b5)
Sokrates – Kallikles (481b10–527e7)

Ab 523a1 trägt Sokrates einen Mythos vor und fordert Kallikles auf, sich der Philosophie zu widmen und erst so gerüstet mit ihm in die Politik zu gehen.

Eingestreut sind kurze Zwischenszenen (458b4–e2, 462e6–463a5, 481b6–9, 497b4–c2, 505d4–506c4, 522e5–8), in denen es darum geht, ob oder wie die Gespräche fortgesetzt werden sollen.

4. Gesprächsform

Sokrates hat vorweg erklärt, daß er nicht an einem freien Gespräch interessiert ist, sondern nur an einem echten Dialog mit der Rollenverteilung nach »Frager« und »Antworter«. Das war die übliche Form von sportlichen Streitgesprächen, aus denen der Frager als Sieger hervorgeht, wenn es ihm gelingt, dem Antworter einen Widerspruch nachzuweisen. Vermutlich war das auch im Rhetorikunterricht eine gängige praktische Übung.

Im Gespräch mit Polos bietet Sokrates als Frager einmal an, die Rollen zu tauschen (462b1–2), was Polos auch annimmt. Später (476c2) schlägt Sokrates einen Rücktausch vor, was Polos wieder akzeptiert.

Sokrates ist zu Kallikles gekommen, um dem berühmten Gorgias Fragen zu stellen, auf die er kurze Antworten bekommen möchte. Gorgias akzeptiert das, setzt aber hinzu, daß Antworten auch manchmal länger sein müssen.

Sokrates selbst hält sich schon bald nicht mehr an seine Forderung nach Kürze. So akzeptiert er längere Antworten und begleitet seine Fragen öfter mit längeren Begründungen oder formalen Beweisversuchen und Beispielen, die manchmal die eigentliche Frage eher verschleiern als verdeutlichen. Vielleicht wollte Platon seinen Lesern damit zeigen, daß der historische Sokrates rhetorische Tricks nicht scheute und seine Antworter dadurch verwirren oder auch verärgern konnte.

Im *Gorgias* behauptet Sokrates, daß die Wahrheit erreicht ist, wenn der Antworter dem Frager zustimmt (487e6–7). Wir können ihm da natürlich nicht folgen, werden aber zugeben, daß bei dieser Methode eher ein brauchbares (und vielleicht wahres) Ergebnis herauskommt als bei einem bloßen Austausch von Meinungen.

5. Umgangston

Gorgias und Sokrates gehen ausgesprochen höflich miteinander um. Anders als Sokrates achtet Gorgias darauf, ob die anderen Anwesenden interessiert sind, länger zuzuhören, und greift schlichtend ein, als Kallikles nicht mehr antworten will und sein Gespräch mit Sokrates beenden möchte.

Sokrates tritt gegenüber Polos und Kallikles sehr selbstsicher auf, manchmal ironisch und herablassend. Polos sei glücklicherweise anwesend, um Ältere (Gorgias und Sokrates) zu korrigieren (461c5–8), und Kallikles sei nützlich, um zu bestätigen, daß er (Sokrates) recht habe (486d2–e6). Sokrates muß allerdings einiges von ihnen einstecken.

Polos wirft ihm vor, sich gegenüber Gorgias wie ein ungebildeter Bauer (461c4) aufzuführen. Jedes Kind könne Sokrates widerlegen (470c5), Sokrates denke so wie er, aber wolle ihn nicht verstehen (471e1), Sokrates rede Unsinn (473a1), niemand würde ihm glauben (473e5).

Kallikles ist ebenfalls nicht zimperlich. Er vergleicht Sokrates mit einem jugendlich dreisten Demagogen (482c4–5).

Sokrates rede primitiv daher, aber behaupte, die Wahrheit zu suchen (482e3–4). Er höre mit seinem Geschwätz nicht auf (489b7); er setze sein Geschwätz fort (490e4). Er rede Unsinn wie ein unfähiger Demagoge (494d1). Kallikles will das (aus seiner Sicht sinnlose) Gespräch abbrechen und nur, weil Gorgias das wünscht (497b3–c2), macht er weiter. Sokrates freue sich kindisch, wenn er glaube, einen Widerspruch entdeckt zu haben (499b6). Ihn interessiere absolut nicht, was Sokrates da rede (505c5), Sokrates sei rechthaberisch (505d4). Er glaube ihm kein Wort (513c4–6).

Wenn heute ein Gast mit einem anderen Gast oder ein Gastgeber mit einem Gast so redet, würden wir annehmen, das Klima zwischen ihnen sei für immer vergiftet und der Gast würde nie wieder eingeladen. Für damalige Diskussionen trifft das wahrscheinlich nicht zu. Man nahm solche Reden nicht ernst und Sokrates war in Intellektuellenkreisen als Gesprächspartner unentbehrlich und stets ein willkommener Gast.

6. Politik und Religion

Sokrates kannte, soweit wir wissen, keine Religion, die Ungläubige gewaltsam bekehren oder, wenn sie sich weigerten, umbringen wollte. Heute, wo es das gibt, wäre der Verweis auf eine höhere Instanz, die entscheidet, was gut und gerecht ist, nicht so einfach. Da müßte Sokrates sich mit dem Konflikt (Wissen/Glauben), der im Begriff der Religion steckt, auseinandersetzen.

Er würde auch zugeben müssen, daß »das Gute« relativ ist; denn diejenigen, die renitente Ungläubige umbringen oder umbringen möchten, behaupten natürlich, das sei gut und gerecht.

Er müßte auch fragen, warum Zeus erst im Jenseits für das Gute und Gerechtigkeit sorgt und nicht schon im Diesseits. In der Welt ginge es doch absolut friedlich zu, wenn Zeus alle, die anderen Menschen schaden wollen, durch kleine oder größere Blitze davon abhielte.

Damals kursierten übrigens Erzählungen, wonach die Menschen selbst den ursprünglich herrschenden absoluten Frieden ruiniert haben, beginnend mit der Nutzung des Feuers und weiter mit der Erfindung des Ackerbaus und der Seefahrt und so fort.

Sokrates hätte im *Gorgias* ohne Religion auskommen und einfach sagen können, daß es ohne eine feste Ordnung keine Demokratie geben kann und die meisten Menschen das einsehen und erfahrungsgemäß diese Ordnung respektieren. Seine Gesprächspartner hätten ihm da kaum widersprochen. Der Dialog *Gorgias* sähe dann allerdings sehr anders aus.

7. Sophistik und Rhetorik

Gorgias ist ein sog. Sophist mit der Rhetorik als Spezialgebiet. Platon hätte alle heutigen sog. Wissenschaftler als Sophisten (Intellektuelle) bezeichnet, die zwar nach Wissen streben, aber nur vorläufiges, d.h. Wissen, das jederzeit durch neue Erkenntnisse überholt werden kann, zu bieten haben. Er wirft ihnen vor, sich nicht für das endgültige, absolute Wissen, um das es dem Menschen eigentlich gehen sollte, zu interessieren.

Dabei unterscheidet Platon seriöse Sophisten, die um Wissen, soweit es für Menschen erreichbar ist, bemüht waren, und Scharlatane, die Wissen vortäuschten und als Privatlehrer gutgläubigen Menschen Geld aus der Tasche zogen.

Platons Sokrates hält Gorgias offensichtlich für einen seriösen und ehrenwerten Sophisten (465c), will ihm aber klarmachen, daß auch für die Rhetorik das **absolute** Gute der übergeordnete Maßstab sein sollte. Sokrates müßte eigentlich wissen, daß der Verfasser einer Schrift *Über das Nichtseiende* nur an das **relative** Gute glauben kann.

8. Philosophie

Sokrates beruft sich auf die Philosophie, die ihm angeblich sagt, was bei Streitfragen die »Wahrheit« ist (482a7–b1). Er glaubt, damit auf absolut festem Boden zu stehen und zu wissen, daß es »das Gute« gibt. Seine drei Gesprächspartner lassen sich jedoch davon nicht beeindrucken. Gorgias hat in seiner Schrift *Über das Nichtseiende* wahrscheinlich auch zeigen wollen, daß der Glaube an endgültige philosophische Wahrheit auf einem Irrtum beruht. Kallikles hält die Philosophie für nützlich als Geistesschulung junger Leute (484c5–7), bevor sie den Ernst des Lebens kennenlernen, wo die Philosophie nur schaden kann.

Keiner der drei würde wagen zu sagen, er sei Atheist, was damals lebensgefährlich sein konnte, aber an ein Totengericht im Jenseits glauben sie vermutlich ebensowenig wie die meisten ihrer Zeitgenossen. Sie sind selbstverständlich bereit, auch ohne Furcht vor einem Totengericht die Spielregeln der Demokratie einzuhalten. Dabei denken sie an eine, wie man heute sagen würde, liberale Demokratie, die es duldet, daß manche Menschen es besser als andere verstehen, die Freiheiten der Demokratie für sich nutzen, oder es mit den Spielregeln nicht so genaunehmen.

Heute würde Sokrates wahrscheinlich für die »Nächstenliebe« als Prinzip menschlichen Zusammenlebens eintreten und das »Jüngste Gericht« als am Ende entscheidende Instanz ansehen.

9. »Unrechttun ist schlimmer als Unrechtleiden«

Mit diesem berühmten provozierenden Satz zitiert Platon wahrscheinlich den historischen Sokrates. Von Platon selbst kann er kaum stammen; denn es handelt sich um einen rhetorischen Trick, nämlich durch eine Paradoxie Aufmerksamkeit beim Hörer oder Leser zu erregen. Täter und Opfer werden verglichen, als ob Tun und Leiden auf derselben Ebene stünden.

Daß ein Mord schlimmer ist als ein kleiner Verlust durch einen Taschendiebstahl, wird jeder zugeben. Aber Sokrates meint mit diesem Satz, daß Morden schlimmer ist als Ermordetwerden, was außer ihm wohl niemand behaupten würde. Wieso sollte der Ermordete denken: Ich bin zwar tot, aber bin noch relativ gut davongekommen, weil ich mich nicht strafbar gemacht habe, während mein Mörder vielleicht Gewissensbisse hat und fürchten muß, bestraft zu werden, und womöglich bestraft wird?

Eigentlich will Sokrates im *Gorgias* nur beweisen, daß Unrechttun auch für den Täter schlimm ist (ihm schadet), besonders wenn er nicht bestraft wird. Er will also das Ermordetwerden nicht relativieren, was man nach dem Wortlaut des Satzes denken könnte, sondern das Unrechttun als absolut verwerflich hinstellen. Er hätte also besser nur über das Unrechttun geredet, statt zugleich das Unrechtleiden zu erwähnen.

Platon benutzt diesen provozierenden Satz im *Gorgias*, um den Streit zwischen dem Idealisten Sokrates und den Realisten Polos und Kallikles auf die Spitze zu treiben. Polos und Kallikles nennen zwar den Tyrannen, der ungestraft morden kann, als Beispiel für absolute Macht, wollen aber eigentlich nur sagen, daß in der Realität der rhetorisch Stärkere gegenüber dem Schwächeren im Vorteil ist und das im Rahmen der Gesetze auch ausnutzen darf. Wenn Sokrates geantwortet hätte, das sei zwar nicht schön, aber in der Demokratie sei das unvermeidlich und erlaubt, wäre man sich schnell einig geworden und es hätte keinen Dialog *Gorgias* gegeben.

Beim heutigen Strafrecht hängt die Höhe der Strafe nicht vom Unrechtleiden ab, das der Täter verursacht hat, sondern davon, wie das Gericht den Rechtsbruch und das Verhalten des Täters bewertet. Ob das Opfer das Urteil als gerecht und angemessen empfindet, spielt dabei keine Rolle. Es gibt sogar die Meinung, Strafe sei atavistische Rache und es dürfe heute nur um die Resozialisierung von sog. Straftätern gehen.

10. Terminologie

Besonders in Sokrates' Gespräch mit Kallikles bereitet die Terminologie gewisse Schwierigkeiten, wenn Platon verschiedene Termini für dieselbe Sache oder für verschiedene Sachen denselben Terminus verwendet. Für Übersetzer ist das ein nicht befriedigend lösbares Problem. Möglicherweise hat Platon zeitgenössische Diskussionen verarbeitet, ohne deren unterschiedliche Terminologie zu vereinheitlichen. Die wichtigsten Fälle:

Wissen (*epistéme*) ist für Sokrates absolutes Wissen oder theoretisches Wissen im Unterschied zum praktischen Wissen (*techne*); manchmal jedoch gilt *techne* = *epistéme.*

Lust (*hedoné*) heißt manchmal »sich freuen« (*chairein*).

gut (*agathón*) kann absolut gut oder relativ (für jemanden) gut bedeuten; manchmal ist *agathón* = *kalón, chrestón, díkaion.*

schlecht (*kakón*) bedeutet absolut schlecht (»schlimm«, »verwerflich«) oder relativ (in Bezug auf den Täter) schlecht = »verbrecherisch« (auch *mochtherón, ponerón, ádikon*) oder relativ (in Bezug auf Opfer und Täter) schlecht = »schädlich«.

schön (*kalón*) bedeutet ästhetisch »erfreulich« oder ethisch »gut, nützlich«.

häßlich (*aischrón*) bedeutet ästhetisch »unerfreulich« oder ethisch »verwerflich, strafbar, schändlich«.

stärker (*kreittōn*) bedeutet »überlegen, tüchtiger, mächtiger«.

besser (*béltion, ameínōn*) bedeutet praktisch »tüchtiger« oder ethisch »besser«.

11. Drei Beweisversuche

Sokrates möchte beweisen, daß Unrechttuende sich irren, wenn sie sich über das Gelingen ihrer Tat freuen. Bei etwas Nachdenken müßten sie erkennen, daß sie sich damit selbst (ihrer Seele) geschadet haben, und müßten sich an die Justiz wenden und um Bestrafung bitten, weil die Strafe sie glücklich machen würde.

Er glaubt, den Beweis durch ein formales Verfahren erbringen zu können, nämlich durch eine Begriffsanalyse, wie sie auch von Sophisten betrieben wurde. Dabei bedient er sich der Mehrdeutigkeit von in Abschnitt 10 genannten Begriffen. So will er zeigen: Weil die Menschen die Bestrafung von Unrecht grundsätzlich für gut halten, müßten das auch die Straftäter letzten Endes einsehen.

Einen solchen Beweisversuch unternimmt er einmal mit Polos als Antworter (474c4–481b5) und zweimal mit Kallikles (495c3–497a5, 497c5–499b3). Die beiden scheinen das Verfahren anzuerkennen, sind aber nicht bereit zuzugeben, die praktische Erfahrung, nach der Straftäter nicht um Bestrafung zu bitten pflegen, sei dadurch zu widerlegen.

Diese Beweise sind aus heutiger Sicht äußerst fragwürdig. Aber wo die Grenze zwischen Wissenschaft und einem Spiel mit Begriffen liegt, ist auch heute nicht immer klar.

12. Was meint Platon?

Sokrates hat im Dialog *Gorgias* das letzte Wort und scheint von den Argumenten seiner Gesprächspartner in keiner Weise beeindruckt zu sein. Wir erfahren von Platon nicht, was diese am Ende dachten, aber nach dem Verlauf der Gespräche ist anzunehmen, daß sie ihre Meinung nicht geändert haben. Gorgias ist vielleicht fähig und willens, Sokrates' feste Haltung zu verstehen und zu würdigen, während außer Chairephon alle anderen vermutlich nur »typisch Sokrates« dachten und heimlich lachten oder den Kopf schüttelten.

Wenn Platon den Dialog *Gorgias* so offen enden läßt, heißt das, er bezieht keine Stellung im Konflikt zwischen auf Erfahrung beruhendem Realismus und auf Glauben gestütztem Idealismus. Er wußte also klarer als sein Lehrer Sokrates zwischen realer Welt und dem Reich der Ideen zu unterscheiden.

ÜBERSETZUNG UND KOMMENTAR

Einleitungsszene (447a1–449a2)

Sie besteht aus zwei Teilen, die unvermittelt aufeinander folgen.

Im Vorhof des Hauses von Kallikles 447a1–c8

KALLIKLES *(anscheinend vom Pförtner herausgerufen)*: Ihr habt etwas versäumt, Sokrates; denn Gorgias hat uns gerade eine großartige Vorstellung geboten.

SOKRATES: Daran ist Chairephon schuld, weil er uns länger auf dem Markt festgehalten hat.

CHAIREPHON: Ich kann das wiedergutmachen, weil Gorgias mein Freund ist und uns sein Können jetzt oder später zeigen wird.

KALLIKLES: Nanu, Chairephon, will denn Sokrates Gorgias hören?

Anscheinend galt Sokrates als notorischer Kritiker der Rhetorik.

CHAIREPHON: Eben deswegen sind wir da.

KALLIKLES: Dann kommt ins Haus; denn Gorgias wohnt bei mir und wird euch sein Können zeigen.

SOKRATES: Sehr gut, aber wird er mit uns diskutieren wollen? Ich möchte nämlich von ihm erfahren, was sein Können leistet und was das ist, was er anbietet und lehrt.

Sokrates weiß natürlich, daß Gorgias ein berühmter Redner und Redelehrer ist, und will nicht prüfen, ob er wirklich so gut reden kann, sondern ihn fragen, wozu die Rhetorik nützt. Er will ihn – wie sich bald zeigt – zwingen zuzugeben, daß die Rhetorik ein höchst fragwürdiges Geschäft ist.

KALLIKLES: Da sollte man ihn selbst fragen; denn das gehört zu seiner Vorstellung. Er hat die drinnen Anwesenden soeben aufgefordert, nach Belieben Fragen zu stellen, die er ausnahmslos beantworten werde.

447c9–448c9 *Im Haus*

Da keine Begrüßung zwischen den Neuankömmlingen und den schon Anwesenden stattfindet, erfahren wir nicht, ob Gorgias und Sokrates sich schon früher begegnet sind oder zum erstenmal zusammentreffen.

SOKRATES: Du hast recht. So frage ihn, Chairephon, was für einer er ist (*hostis estin*), so wie man einen Verfertiger von Schuhen als Schuhmacher bezeichnet.

Chairephon soll also fragen, welchen Beruf Gorgias ausübt. Die Frage und der Vergleich mit einem Schuhmacher sind eine Zumutung. Chairephon beginnt daher weniger direkt.

CHAIREPHON: Gorgias, bist du bereit, jede Frage zu beantworten?

GORGIAS: Richtig. Das habe ich auch jetzt angeboten und ich kann sagen, seit vielen Jahren hat mich niemand etwas Neues gefragt.

Gorgias hat bisher nach seinen Vorträgen jede Frage beantworten können. Da es auch Kritiker der Rhetorik gab, die ihn vielleicht bloßstellen wollten und z.B. gefragt haben, wie viele Sterne es gibt, hat er wahrscheinlich höflich erklärt, warum nur ein sehr naiver Mensch so fragen kann, und die Zuhörer hätten den Frager ausgelacht.

Wenn Chairephon schon offen gefragt hätte, ob er bereit sei, in einem formellen Streitgespräch den Antworter zu spielen, hätte er vermutlich geantwortet, ihm sei noch niemals von einem Frager ein Widerspruch nachgewiesen worden.

CHAIREPHON: Das Antworten fällt dir also leicht?

GORGIAS *(freundlich ironisch)*: Du kannst es ja probieren.

POLOS *(eingreifend)*: Frage lieber mich. Gorgias scheint mir ermüdet zu sein; denn er hat eben schon über vieles gesprochen.

CHAIREPHON: Ich frage also dich, Polos. Gorgias ist weder Arzt noch Maler. Worin besteht sein Wissen? Was ist dafür die richtige Bezeichnung?

POLOS *(zu einer längeren Rede ansetzend)*: Die Menschen haben durch Erfahrung viele Wissenschaften (*technai* 448c4) gefunden. Die einen betreiben dies, andere das. Auch Gorgias gehört dazu und befaßt sich mit der schönsten davon.

Das Gespräch Sokrates/Gorgias (449a5–466a3)

Auf Sokrates' Frage, welche Wissenschaft Gorgias betreibe, antwortet dieser, seine Wissenschaft sei die Rhetorik. Sie helfe, sich in Politik und vor Gericht durchzusetzen. Als Sokrates ihn weiter fragt, ob seine Schüler immer für das Recht eintreten, erklärt Gorgias, das erwarte er, aber das könne kein Redelehrer garantieren. Sokrates glaubt, das sei ein Widerspruch. Damit endet das Gespräch; denn Polos mischt sich ein.

SOKRATES *(Polos unterbrechend zu Gorgias)*: Polos will, statt 448d1–449b3
kurz zu antworten, eine Rede halten. Darauf scheint er sich besser zu verstehen als auf einen Dialog (Frager/Antworter). Ich möchte lieber von **dir** hören, wie man dich nennen muß, d.h. welche Wissenschaft du betreibst.

GORGIAS: Die Rhetorik. Ich darf behaupten, ein guter Redner zu sein, und biete hier und anderswo Unterricht an.

Gorgias weiß, daß die Rhetorik nicht im besten Rufe steht und Rhetoriklehrer, deren Schüler sich als Redner unbeliebt gemacht haben, manchmal aus ihrer Stadt ausgewiesen werden (vgl. 457b5–7). Er kann also voraussehen, daß Sokrates ihm beweisen will, die Rhetorik sei eher schädlich als nützlich. Sein freundliches (vielleicht amüsiertes) Eingehen auf Sokrates ist daher bemerkenswert.

Eine heutige Berühmtheit, z.B. ein weltweit bekannter Schriftsteller, wäre wahrscheinlich geneigt, das Gespräch sofort abzubrechen, wenn er von einem Interviewer nach seinem Beruf gefragt wird, vor allem, wenn er befürchten muß, daß der Frager ihm beweisen will, Romane seien eher schädlich als nützlich, weil da nur erfundene, d.h. erlogene Geschichten erzählt werden.

SOKRATES: Bist du bereit zu einem nach Frage und Antwort 449b4–c8
geregelten Dialog?

GORGIAS: Ja, wenn auch manchmal längere Antworten nötig sind. Doch ich kann ebensogut kürzer als jeder andere antworten.

Gorgias, der gewohnt ist, nach seinen Vorträgen Fragen zu beantworten, hat natürlich auch langjährige Erfahrung in der von Sokrates geforderten Form des Streitgesprächs und kennt alle rhetorischen Tricks, zu denen Frager dabei zu greifen pflegen.

449c9–e1 SOKRATES: Bei der Weberei geht es um die Herstellung von Kleidung, bei der Musik von Tonfolgen. Was ist der Gegenstand der Rhetorik?

GORGIAS: Reden (*logoi* e1).

449e1–450c2 SOKRATES: Gilt das für alle Arten von Reden?

GORGIAS: Nein.

SOKRATES: Muß der Redner verstehen (*phroneín* 449e6), was er sagt?

GORGIAS: Das sollte er.

SOKRATES: Durch das Studium der Medizin lernt man, etwas über Kranke zu wissen und darüber zu reden. Warum nennst du dies Reden nicht Rhetorik?

GORGIAS: Weil es da in erster Linie auf die Herstellung der Gesundheit ankommt, während es bei der Rhetorik um Reden (*logoi* 450b9) geht.

Die Rhetorik ist ein Instrument, das in allen Berufen dazu dienen kann, seine Meinung gegenüber der Meinung anderer Personen durchzusetzen.

450c3–451a2 SOKRATES: Mir ist nicht ganz klar, was du meinst. Darum frage ich weiter. Bei Berufen wie z.B. Mathematikern und ihren Spezialgebieten (450d5–6) besteht die Praxis im Reden. Gehört deiner Meinung nach auch die Rhetorik zu diesen (redenden) Berufen?

GORGIAS: Ja, das trifft zu.

SOKRATES: Aber du wirst bei diesen (den Mathematikern) nicht von Rhetorik sprechen?

GORGIAS: Ganz recht. Du verstehst mich richtig.

451a3–d8 SOKRATES: Wenn die Mathematik sich durch Sprache äußert, wodurch unterscheidet sie sich dann von der Rhetorik?

Was also ist der Gegenstand (*ta onta* d5), über den die Rhetorik redet?

Gorgias: Das sind die wichtigsten Angelegenheiten des Menschen (d7).

So schon Polos (448c4–9). Gemeint ist die Politik, über die in der Volksversammlung und anderen Gremien gestritten und entschieden wird.

Sokrates: Andere halten Gesundheit, Schönheit und Reichtum für das Wichtigste. 451d9–452d8

Gorgias: Das ist mir bekannt. Aber warum sagst du das?

Sokrates *(längere Rede)*: Was ist deiner Meinung nach das größte Gut (452a5, d3) für die Menschen, das du ihnen (durch die Rhetorik) verschaffen willst?

Gorgias: Das ist die »Freiheit« (d6) und zugleich die Tatsache, daß jeder in seinem Staat »regieren« (*archein* d7) darf.

Für Gorgias ist also die Rhetorik (= das überzeugend Redenkönnen) das Fundament der »Demokratie«. In ihr sind alle Bürger frei und können in der Volksversammlung die Politik des Staates bestimmen und für Regierungsämter kandidieren.

Sokrates: Was verstehst du unter »regieren«?

Gorgias: Regieren (in der Demokratie) heißt »überreden können«. Der gute Redner erreicht, daß Richter in seinem Sinne entscheiden oder die Mehrheit in der Volksversammlung seinem Rat folgt und entsprechende Entschlüsse faßt. 452e1–453a7

Sokrates: Bei der Rhetorik handelt es sich also um »Überredung«?

Gorgias: Ganz richtig. Das ist ihr eigentlicher Zweck.

Sokrates: Wir beide wollen doch genau verstehen, worüber wir reden. Wer etwas lehrt, der überredet zu etwas. 453a8–454b7

Ich frage daher, was der »spezifische Inhalt« (453b9–c1) der Überredung durch die Rhetorik ist; denn auch die Mathematik (e2) lehrt etwas.

Gorgias: Die Rhetorik lehrt bei Gerichtsverfahren oder in der Volksversammlung, was »Recht und Unrecht« ist.

Ein guter Redner kann nach Gorgias dort erreichen, daß eine

offene Frage so entschieden wird, wie er es nach Recht und Gesetz für richtig hält.

454b8–455a7 SOKRATES: Erzeugt die Rhetorik vor Gericht oder in der Volksversammlung hinsichtlich von Recht und Unrecht »Glauben« (*pistis*) oder »Wissen« (*epistéme*)?

GORGIAS: Selbstverständlich »Glauben«.

Gorgias weiß, daß es – anders als heute manche glauben – in juristischen und politischen Angelegenheiten immer nur Meinungen und kein absolutes Wissen geben kann.

455a8–456a3 SOKRATES: Wenn »Fachleute«, z.B. für Medizin, Schiffsbau, Kriegsführung und anderes, gewählt werden sollen, entscheiden doch nicht »Redner«, wer gewählt wird, sondern man läßt durch bereits ausgewiesene Fachleute prüfen, wer am besten qualifiziert ist. Und wenn es darum geht, ob eine Stadtmauer oder eine Werft gebaut werden soll, entscheiden das doch Fachleute und nicht Redner.

Sokrates scheint es nicht für richtig zu halten, daß bei öffentlichen Bauten – damals wie heute – immer Politiker entscheiden, ob etwas gebaut wird, und nicht Fachleute, die für die Ausführung zuständig sind. Aber es war anscheinend üblich, Fachleute bei der Auswahl von Fachleuten mitwirken zu lassen.

Und um zu dir zu kommen: Unter den hier Anwesenden möchten sicher manche deine Schüler werden. Stelle dir vor, sie würden dich fragen, ob sie bei dir nur lernen, über Recht und Unrecht zu reden, oder auch über Medizin, Schiffsbau, Kriegsführung und so weiter. Was würdest du ihnen antworten?

GORGIAS: Ich würde ihnen sagen, daß immer »gute Redner« wie Themistokles und Perikles und nicht irgendwelche Fachleute durch ihren Rat erreicht haben, daß Mauern, Werften oder Häfen entstanden sind.

Und als Themistokles und Perikles (von der Volksversammlung) gewählt wurden, geschah das auf den Rat von guten Rednern.

456a4–457c3 SOKRATES: Da kann ich über die große Macht der Rhetorik nur staunen; denn sie scheint mir so gesehen geradezu dämonisch (göttlich) zu sein.

GORGIAS: Die Rhetorik steht über allen Fachwissenschaften. Als z.B. ein Kranker die vom Arzt empfohlene bittere Medizin nicht trinken wollte, habe ich das durch meine Rhetorik erreicht.

Und wenn sich irgendwo ein guter Redner und ein Arzt um den Posten des Stadtarztes bewerben, wird, weil er glaubwürdiger (456c5) reden kann, von der Volksversammlung (456c6) der Redner gewählt.

> Gorgias meint, daß von zwei Ärzten derjenige gewählt würde, der nicht nur Arzt ist, sondern auch gut reden kann.

Dabei müssen Redner »ihre Macht rechtlich nutzen« (456e3), wie sie es von ihren Lehrern (457a2) gelernt haben.

> Die Rhetorik ist für Gorgias ein neutrales Instrument, das für gute und schlechte Zwecke eingesetzt werden kann. Der verantwortungsbewußte Redner darf es nur für gute benutzen.
> Bei uns sind die Rechtsanwälte ›Organe der Rechtspflege‹. Sie sollen sich für das Recht einsetzen und Unrecht verhindern. Aber manche Rechtsanwälte halten sich nicht daran und beraten kriminelle Klienten, wie sie Unrecht tun können, ohne bestraft zu werden.

Wenn ein Schüler sich später nicht daran hält, darf man den Lehrer nicht dafür verantwortlich machen und aus der Stadt weisen (457b5–7).

> Gorgias hätte hinzufügen sollen, daß es auch unseriöse Rhetoriklehrer gab, die ihre Schüler zu sog. Rechtsverdrehern ausbildeten.

SOKRATES: Wenn es bei einem Streitgespräch zu keiner Einigung kommt, besteht die Gefahr, daß sich die Kontrahenten Rechthaberei vorwerfen und sich beschimpfen und die Zuhörer bereuen, ihnen zugehört zu haben. 457c4–458c2

Ich sage das, weil ich bei dir einen »Widerspruch« (457e2) entdeckt zu haben glaube.

> Wenn bei einem Streitgespräch der Frager dem Antworter einen Widerspruch nachweisen kann, hat er gewonnen und der Antworter hat verloren und wird ausgelacht.

Da wir beide, wie ich annehme, bereit sind, es anzuerkennen, wenn der andere recht hat, könnten wir weiterreden. Falls du anderer Meinung bist, sollten wir unser Gespräch beenden.

Anscheinend will Sokrates Gorgias damit ersparen, seine (wie er glaubt) bevorstehende Niederlage zugeben zu müssen.

GORGIAS: Ich bin ganz deiner Meinung, aber vielleicht sollten wir Rücksicht auf die Anwesenden nehmen, die möglicherweise etwas anderes vorhaben.

Gorgias, der sicher sein kann, sich nicht widersprochen zu haben, will anscheinend Sokrates damit ersparen, seinen Irrtum zugeben zu müssen.

Die Anwesenden protestieren gegen den Abbruch des Gesprächs.

458c3–e2 CHAIREPHON: Ihr hört den Protest der Anwesenden. Ich für meinen Teil möchte nichts anderes tun müssen, als solchen Reden zuzuhören.

KALLIKLES: Dies sind wohl die besten Reden, die ich je gehört habe. Ich könnte den ganzen Tag zuhören.

SOKRATES: Ich bin bereit fortzufahren, wenn Gorgias das auch will.

GORGIAS: Ich müßte mich schämen, wenn ich das nicht wollte, habe ich doch selbst angeboten, mir Fragen zu stellen.

Gorgias ist wahrscheinlich gespannt, wie Sokrates es anstellen will, ihm einen Widerspruch nachzuweisen.

Sokrates will Gorgias' angeblichen Widerspruch zeigen.

458e3–459c7 SOKRATES: Der Redner »belehrt« das Volk nicht, sondern »überredet« es (= läßt es glauben). Der Redner ist »unwissend«, der Arzt ist »wissend«.

Der Redner ist natürlich kein Arzt, aber wenn ihm ein Arzt erklärt, worum es geht, kann er Kranke besser überreden, bittere Medizin zu schlucken, wie Gorgias 456b1–5 aus seiner Erfahrung berichtet hatte.

GORGIAS *(scherzhaft ironisch)*: Ist es nicht ein leichter Gewinn, wenn man, ohne Arzt zu sein, dasselbe erreichen kann wie ein Arzt?

Gorgias meint natürlich nicht, daß ein Redner den Arzt ersetzen kann, sondern behauptet nur, er könne Patienten besser überreden, sich einer vom Arzt vorgeschlagenen unangenehmen Therapie zu unterziehen.

SOKRATES: Muß der Redner wissen, was »gerecht/ungerecht, schön/häßlich, gut/schlecht« ist, ebenso wie er weiß, was »gesund/krank« ist? 459c7–460b1

GORGIAS: Falls einer meiner Schüler das zufällig nicht weiß, kann er es bei mir lernen (460a3–4).

Gorgias hatte 457b7–8 gesagt, jeder seriöse Lehrer der Rhetorik gehe davon aus, daß seine Schüler nur rechtlichen Gebrauch davon machen und nicht eines Tages Rechtsverdreher sein wollen, was von Kritikern als der eigentliche Zweck der Rhetorik angesehen wurde.

Er selbst erwartet, daß seine Schüler von Hause aus Recht und Unrecht unterscheiden können und die erlernte Rhetorik nur für das Recht einsetzen wollen. Wenn ein Schüler gesagt hätte, er wolle von ihm Tricks zur Rechtsverdrehung lernen, hätte er geantwortet, dazu müsse er sich einen Lehrer suchen, der so etwas anbietet.

SOKRATES: Du meinst also, ein Redner müsse wissen, was »Recht/Unrecht« ist, entweder schon vorher oder durch dich?

GORGIAS: Selbstverständlich.

SOKRATES: Wer etwas gelernt hat, z.B. ein Techniker, Musiker oder Arzt, ist er das, wozu das gelernte Wissen ihn macht? 460b1–c6

GORGIAS: Selbstverständlich.

SOKRATES: Wer gelernt hat, was Gerechtigkeit (*ta díkaia* b7) ist, der ist also gerecht (*díkaios* b7)?

GORGIAS: Grundsätzlich wohl (b7).

Auch wir glauben, daß Juristen (Rechtskundige) grundsätzlich für Recht und Gerechtigkeit eintreten wollen, wissen aber, daß man streiten kann, was im Einzelfall Gerechtigkeit ist bis hin zur sog. Rechtsverdrehung.

SOKRATES: Der Redner muß also gerecht sein, und wer gerecht ist, kann nicht anders als gerecht handeln?

GORGIAS: So zeigt es sich (c2).

Gorgias muß längst gemerkt haben, daß Sokrates ihm die Unterscheidung zwischen seriösen und unseriösen Rednern als Widerspruch ankreiden möchte, aber findet es amüsant, dabei mitzuspielen. Er hätte hier, um Sokrates die Sache etwas schwerer zu machen, einwerfen können, daß seriöse Redner oft anderer Meinung sind als andere seriöse Redner.

SOKRATES: Der Gerechte will also niemals Unrecht tun?

GORGIAS: Zwangsläufig.

SOKRATES: Der Redner wird also niemals Unrecht tun wollen (c5–6)?

GORGIAS: Wie sich zeigt, wird er das nicht wollen.

Gorgias könnte hinzusetzen, eben das erwarte er von seinen Schülern.

460c7–461b2 SOKRATES: Hast du vorhin (457b5–7) gesagt, man dürfe einen Rhetoriklehrer nicht aus der Stadt weisen, wenn einer seiner Schüler die Rhetorik für Unrechtes einsetzt?

GORGIAS: Ja (460d6).

SOKRATES: Jetzt aber erweist sich der Redner als jemand, der kein Unrecht tut? Und vorhin hieß es, daß es bei der Rhetorik um gerecht/ungerecht geht?

GORGIAS: Ja (460e5).

SOKRATES: Damals (455a1–2) nahm ich an, du meintest, die Rhetorik vertrete immer die Gerechtigkeit. Aber da du wenig später sagtest, der Redner (ein Schüler) könne sie rechtswidrig einsetzen, wunderte ich mich und sagte, mir scheine das ein »Widerspruch« (461a2) zu sein.

Daher schlug ich vor, nur weiter zu reden, wenn wir beide bereit sind, diesen Widerspruch aufzuklären, und andernfalls unser Gespräch zu beenden.

Danach (als die Zuhörer die Fortsetzung wünschten) hast du

erneut zugegeben, daß ein Redner die Rhetorik nicht rechtswidrig einsetzen kann und nichts Unrechtes tun möchte. Um das hinreichend zu untersuchen, würden wir ein längeres Treffen brauchen.

Sokrates scheint nicht ganz sicher zu sein, ob wirklich ein Widerspruch vorliegt, aber er will der Frage jetzt nicht weiter nachgehen. Später (487b4) behauptet er jedoch, Gorgias einen Widerspruch nachgewiesen zu haben.

Hier mischt Polos sich voreilig ein, weil er glaubt, Gorgias zu Hilfe kommen zu müssen. Dadurch hindert er Gorgias, selbst zu antworten, was dieser (vermutlich väterlich amüsiert) hinnimmt. Gorgias könnte sagen, unbestreitbar gebe es unseriöse Redner und sog. Rechtsverdreher. Aber das sei ein Widerspruch zwischen Theorie und Praxis und kein Widerspruch, für den er verantwortlich sei. Daß ein Schüler sich nicht immer an das hält, was sein Lehrer gesagt hat, sollte Sokrates aus eigener Erfahrung wissen.

Gorgias ist es vermutlich ganz recht, als Gesprächspartner auszuscheiden; denn er weiß aus Erfahrung, daß eine Diskussion zwischen einem Realisten und einem rigorosen Ethiker und Idealisten bestenfalls mit einem friedlichen Patt enden kann. Doch offensichtlich findet er Sokrates' Art zu argumentieren grundsätzlich reizvoll; denn er hört im folgenden interessiert zu, ermuntert Sokrates, auf ihn keine Rücksicht zu nehmen (436a5), erbittet genauere Erklärung (463d6–464b1), ermahnt Kallikles weiterzumachen (497b4–10) und möchte sogar, daß Sokrates allein weiterredet, als Kallikles endgültig nicht mehr antworten will (506a8–b3).

Das Gespräch Sokrates/Polos (461b3–481b5)

Polos verweist wie Gorgias auf die Erfahrung, daß die Macht der Rhetorik in der Politik und vor Gericht sehr groß ist. Er hält Macht ganz allgemein für gut und nützlich. Einen Tyrannen, der so mächtig ist, um ungestraft Unrecht tun zu können, bewundert er.

Sokrates hält die Rhetorik für prinzipiell unnütz; denn wer kein Unrecht tun wolle, brauche sie nicht. Sie sei, wenn überhaupt, höchstens nützlich, um die Bestrafung von Unrechttuenden zu erreichen;

Polos und Sokrates haben beide den Eindruck, der andere sei uneinsichtig und Argumenten nicht zugänglich. Daraus erklärt sich wohl der manchmal etwas scharfe Ton des Gesprächs.

461b3–462b2 POLOS: Was soll das, Sokrates? Gorgias hat doch nur aus Scham gesagt, er werde auch das Rechte/Schöne/Gute lehren, weil jeder von sich behaupten würde, das zu können.

Dadurch ist es vielleicht zu einem Widerspruch gekommen. Du liebst es, das durch Fragen zu erreichen. Aber dein Vorgehen ist ungehörig (»bäurisch« 461c4).

Polos erweist Gorgias einen Bärendienst; denn Gorgias hatte gesagt, er erwarte von seinen Schülern, als künftige Redner für das Recht zu streiten, aber er könne keinen hindern, sich statt dessen für etwas Unrechtes einzusetzen (456e2–457a2). Wenn ein Schüler den Unterschied zwischen Recht und Unrecht nicht von Hause aus kenne, werde er von ihm im Rahmen des Rhetorikunterrichts entsprechend belehrt werden (460a3–4).

SOKRATES *(ironisch)*: Gut, daß du hier bist und uns Ältere korrigieren wirst. Aber wir sollten lange Reden vermeiden.

POLOS: Willst du sie mir verbieten?

SOKRATES: Natürlich nicht, aber ich würde dann weggehen und dich nicht anhören.

Sokrates hält nichts von langen Reden, weil (damals wie heute) öfter Leute dazu greifen, die gern reden, aber zur Sache, um die es geht, wenig oder nichts zu sagen haben. Wenn längere Reden zur genaueren Erklärung einer Sache dienen, hält er sie wie Gorgias für zulässig oder sogar für notwendig.

Doch du verstehst dich wie Gorgias auf »Fragen und Antworten«. Du kannst wählen (ob du fragen oder antworten willst).

Polos übernimmt die Rolle des Fragers.

POLOS: Ich will fragen. »Was also ist Rhetorik?« 462b3–c7
SOKRATES: Wie ich aus deiner Schrift, die ich kürzlich gelesen habe, entnehme, ist Rhetorik »keine Wissenschaft« (*techne*), sondern »Erfahrung« (*empeiria*), die Gefallen (*charis*) und »Lust« (*hedoné*) erzeugt.
POLOS: Ist sie nicht etwas Schönes? 462c8–463a4

Polos hatte 448c4–9 selbst von Wissenschaften (*technai*) gesprochen, die auf Erfahrung beruhen, und hatte erklärt, Gorgias sei ein Vertreter der schönsten dieser Wissenschaften.

SOKRATES: Das ist wieder voreilig.

Sokrates will wissen, *was* Rhetorik ist. Erst danach will er gefragt werden, ob sie schön ist.

POLOS: Ich verstehe nicht, was für eine Erfahrung du meinst.
SOKRATES: Ich will dir ein kleines Beispiel nennen. Die »Kochkunst« beruht auf »Erfahrung« und erzeugt »Lust«.
POLOS: Willst du Kochkunst und Rhetorik gleichsetzen?
SOKRATES: Keineswegs, aber sie sind Teil desselben Geschäftes.
POLOS: Welches meinst du?
SOKRATES: Ich will Gorgias nicht kränken, aber die Rhetorik ist Teil einer Sache, die nicht schön ist.

Gorgias will nicht geschont werden.

GORGIAS: Teil wovon? Sprich ganz offen, ohne Rücksicht auf mich zu nehmen. 463a5–c7
SOKRATES: Rhetorik scheint mir keine Wissenschaft (*epitédeuma technikón* = *techne*) zu sein, sondern eine Fähigkeit, zielgerichtet, mutig und geschickt mit Menschen umzugehen.

Rhetorik ist für Sokrates sozusagen angewandte Psychologie.
»Mutig« sagt Sokrates wahrscheinlich, um Gorgias nicht zu kränken, sonst hätte er wohl eher »frech« gesagt.

Ich bezeichne sie zusammenfassend als »Schmeichelei« (*kolakeía* b1). Es handelt sich nicht um Wissenschaft, sondern (nur)

um Erfahrung und Übung. Teile davon sind Kochkunst, Rhetorik, Kosmetik und Sophistik.
Polos sollte mich daher nicht fragen, ob die Rhetorik schön ist, sondern welcher Teil der Schmeichelei sie ist (b7–c7).

463c8–d5 Polos: Sage also, welcher Teil sie ist.
Sokrates: Die Rhetorik ist ein »Scheinbild« (*eídolon*) eines Teils der Politik (*politiké*).

Für Sokrates besteht die Politik aus Reden in der Volksversammlung und dem sich daraus ergebenden politischen Handeln der Regierung. Bei den Reden unterscheidet er seriös argumentierende und solche, die mit unseriösen rhetorischen Tricks, z. B. mit Schmeichelei, arbeiten.

Polos: Ist sie schön oder häßlich?
Sokrates: Häßlich, weil sie schlecht ist, da ich dir antworten muß, obwohl du es nicht gleich verstehen wirst.

Gorgias wünscht sich eine Erklärung.

463d6–464b1 Gorgias: Auch ich verstehe nicht, was du mit »Scheinbild eines Teils der Politik« meinst.
Sokrates: Man muß Körper und Seele unterscheiden? Es gibt Gesundheit (*euhexía*) des Körpers und der Seele? Man kann körperlich und seelisch krank sein, ohne es zu wissen? Beim Körper kann nur ein Fachmann, Arzt oder Sportlehrer, beurteilen, ob man gesund ist?
Gorgias: Ja (464b1).

Rhetorik ist Schmeichelei?

464b2–c3 Sokrates *(längere Rede)*: Ich will versuchen, dir deutlicher zu machen, was ich meine.

Mit »dir« ist weniger Gorgias als Polos gemeint, den Sokrates 465d4 mit seinem Namen anredet. 466b4 antwortet nicht Gorgias, sondern Polos auf Sokrates' Rede.

Für die Pflege (b6) von Seele und Körper sind zwei Teile zuständig, die wieder aus zwei Teilen bestehen.
Bei der Seele des Staates (= Regierung) ist das die Politik mit den Teilen Gesetzgebung (Volksversammlung) und Gerechtigkeit (Justiz), beim Körper des Staates (= Volk) sind das Sport und Heilkunde.

Etwas verwirrend ist, daß Sokrates im griechischen Text zunächst nur beim Körper des Staates zwei Teile unterscheiden will, aber nachträglich dann doch die zwei Teile der Seele des Staates nennt.
Grundlage des demokratischen Staates sind die Gesetze. Unter »Gerechtigkeit« ist das zu verstehen, was wir heute als »Rechtsstaat« bezeichnen, nämlich die Einhaltung und Überwachung der Gesetze durch Regierung und Justiz.
Der Sport erhält das Volk gesund, Ärzte sind für die Überwachung der Gesundheit zuständig und für eventuell nötige Reparaturen.

Hier schleicht sich die »Schmeichelei« ein und macht (statt 464c3–465a7
der Gerechtigkeit) die »Lust« (*hedoné* 464d2, 465a2) zum Maßstab. Der Koch verdrängt den Arzt, der Kosmetiker den Sportlehrer.
Die Schmeichelei ist häßlich (*aischrón*) und »keine Wissenschaft« (*techne* 465a2), sondern nur »Erfahrung« (*empeiría*).

Für Sokrates beruht wahre Wissenschaft nicht auf Erfahrung, sondern wie die Mathematik auf ihrer inneren Widerspruchsfreiheit. Sie steht für ihn also über aller Erfahrung. Daß er Arzt und Sportlehrer hier trotzdem als Wissenschaftler einstuft, ergibt sich aus dem Gegensatz zum Koch und Kosmetiker.
Nach Polos sind alle Wissenschaften ursprünglich aus Erfahrungen hervorgegangen (448c5).

Kochkunst und Kosmetik betrügen die Menschen. Die Kosme- 465b1–c3
tik will die durch Sport erworbene eigene Schönheit durch eine fremde ersetzen. Die Kosmetik verhält sich zum Sport wie die Sophistik zur Gesetzgebung und wie die Kochkunst zur Heilkunst und wie die Rhetorik zur Gerechtigkeit.

Unter Sophistik ist hier der Streit der Meinungen und Forderungen zu verstehen, der in der Volksversammlung der Gesetzgebung vorausgeht.

Der Idealist Sokrates, der das absolute Wissen, an das er glaubt, als Maßstab nutzen will, hält Sophistik und Rhetorik grundsätzlich für unseriös, während Gorgias zwischen seriöser und unseriöser Sophistik bzw. Rhetorik unterschieden hatte.

465c3–e1 Da herrscht Verwirrung, weil die Menschen eher auf den Koch als den Arzt hören und wie Anaxagoras, bei dem du dich auskennst, lieber Polos (d4), alles miteinander vermischen.

Der Philosoph Anaxagoras (ca. 500–425) behauptete zwar, daß in der Welt alles auf Mischung und Trennung beruhe, hat aber sicher nie Koch und Arzt verwechselt.

465e1–466a3 Da habe ich – was ich dir (Polos) nicht erlauben wollte – nun selbst eine lange Rede gehalten, aber das ist verzeihlich, weil du mich nicht verstanden hast, als ich kurz redete. Wenn ich dich nicht verstanden habe, hast du natürlich auch das Recht, länger zu reden.

Gorgias hätte hier einwerfen können: Ich will dich nicht kränken, lieber Sokrates, aber wenn du bei mir Unterricht genommen hättest, wäre deine Rede vielleicht etwas kürzer gewesen.

Rhetorik ist Macht?

466a4–c2 Polos: Die Rhetorik scheint dir Schmeichelei zu sein? Werden denn die guten Redner in den Staaten für bloße Schmeichler gehalten?
Haben sie nicht die »größte Macht« (b4)?
Sokrates: Nein, wenn du glaubst, Macht sei etwas »Gutes« für den Mächtigen.
Polos: Das glaube ich.
Sokrates: Die »wenigste Macht« scheinen mir die Redner im Staat zu haben.

Sie wissen nach Sokrates nicht, was für den Staat und damit für sie selbst gut ist, und überreden daher die Volksversammlung zu Entscheidungen, die dem Volk gefallen, aber schädlich sein können. Wie ein Koch bieten sie dem Volk wohlschmeckende Speisen an, die dessen Gesundheit schaden.

POLOS: Sie können doch wie Tyrannen töten, berauben und verbannen, wen sie wollen (b11–c2)?

Rhetorisch geschulte Redner konnten als Ankläger vor Gericht oder in der Volksversammlung politische Gegner oder wirtschaftliche Konkurrenten anklagen und solche Strafen erreichen, um sie damit auszuschalten.

Ein probates Mittel war, durch eine verleumderische Rede den Gegner oder Konkurrenten zu verdächtigen, er wolle Tyrann werden. Polos erzählt 473c1–5, welche Folgen das für den Angeklagten haben konnte, wenn das Gericht ihn schuldig sprach.

SOKRATES: Sagst du deine Meinung oder fragst du mich? 466c3–e2

POLOS: Ich frage dich.

SOKRATES: Du stellst zwei Fragen zugleich.

POLOS: Wieso zwei?

SOKRATES: Du hast gesagt, daß Redner wie Tyrannen, wen sie wollen, töten können und jeden nach Gutdünken berauben und verbannen?

POLOS: Ja (d4).

Redner und Tyrannen tun nicht, was sie wollen.

SOKRATES: Das sind zwei Fragen. Ich will beide beantworten. Redner und Tyrannen haben im Staat die geringste Macht; denn »sie tun nicht, was sie wollen«, sondern nur, »was sie für das Beste halten«.

POLOS: Ist nicht eben das »Macht«? 466e3–467a7

SOKRATES: Nein, wie du jedenfalls sagst.

POLOS: Sage ich das nicht? Ich sage eben das!

SOKRATES: Nein; denn du sagst, Macht zu haben sei gut für den Mächtigen.

POLOS: Eben das sage ich!

SOKRATES: Du glaubst, es sei große Macht, wenn jemand tun kann, was er für das Beste hält, aber keine »Vernunft« hat?

Wer keine Vernunft (*nous* 466e10. »höhere Einsicht«) hat, ist nach Sokrates nicht in der Lage zu beurteilen, ob das, was er tut, richtig oder falsch ist und ihm vielleicht sogar selbst schaden könnte.

POLOS: Nein, das tue ich nicht (466e12).

Polos ist der Meinung, daß Redner und Tyrannen sehr wohl wissen, was sie wollen.

SOKRATES: Du wirst also beweisen, daß Redner Vernunft haben und die Rhetorik nicht Schmeichelei ist, und wirst mich widerlegen?

Polos könnte einwerfen, daß auch Schmeichler meist sehr genau wissen, was sie erreichen wollen.

Wenn du mich nicht widerlegst, erreichen Redner und Tyrannen, die in den Staaten tun, was sie für gut halten, nichts wirklich Gutes.

Aber ihre Macht ist, wie du sagst, gut. Doch auch du wirst zustimmen, wider die Vernunft (*nous*) zu tun, was einem gutdünkt, ist schlecht.

POLOS: Ja, das ist auch meine Meinung.

467a8–c4 SOKRATES: Wie können nun Redner und Tyrannen mächtig sein, wenn du mich nicht widerlegst und zeigst, daß sie tun, was sie wollen?

POLOS *(aus der Haut fahrend)*: Dieser Mensch (ist schwer zu ertragen)!

Polos versteht nicht, wie Sokrates bezweifeln kann, daß Redner und Tyrannen sehr wohl wissen, was sie wollen, auch wenn sie (da sie Menschen sind) nie wissen können, ob das für sie am Ende gut sein wird.

Apelt übersetzt: »Da behalte einer die Geduld.«

SOKRATES: Ich bestreite, daß sie tun, was sie wollen. Widerlege mich!

POLOS: Hast du nicht eben (466e1–2) behauptet, daß sie tun, was sie für das Beste halten?

SOKRATES: Das behaupte ich auch jetzt.
POLOS: Sie tun also nicht, was sie wollen?
SOKRATES: Nein.
POLOS: Wenn sie tun, was ihnen einfällt?
SOKRATES: Ja, das sage ich (b9).
POLOS *(erneut aus der Haut fahrend)*: Das ist unerträglich und verrückt!

Polos sieht nicht ein, wie man der Definition »Macht = tun können, was man will« widersprechen kann.

SOKRATES: Schimpfe nicht, bester Polos, damit ich nicht zurückschimpfe. Wenn ich weiter fragen soll, beweise mir, daß ich mich täusche. Andernfalls übernimm die Rolle des Antworters.

Polos übernimmt wieder die Rolle des Antworters.

POLOS: Jetzt will ich »Antworter« sein, um zu verstehen, was du meinst.

462b3 hatte sich Polos für die Rolle des Fragers entschieden.

Man kann wollen, was man nicht will.

Das ist der Fall, wenn man das falsche »Mittel« wählt, um einen bestimmten »Zweck« zu erreichen. Das kann leicht geschehen, weil Irren menschlich ist.

SOKRATES: Wollen die Menschen, wenn sie etwas tun, nur dies 467c5–e1
erreichen oder ein übergeordnetes Ziel (*hou héneka*, »weswegen«)? Trinken sie z.B. bittere Medizin, um gesund zu werden?
POLOS: Offensichtlich.
SOKRATES: Sie nehmen also Seefahrt und andere Mühen und Gefahren nicht um dieser selbst willen auf sich, sondern weil sie reich (467d5) sein wollen.
Ihr eigentliches Wollen gilt diesem übergeordneten Weswegen (Ziel)?

Allgemein gesagt, sie wollen nicht das, was sie gerade tun, sondern das, weswegen sie es tun?

POLOS: Ja (e1).

467e1–468a4 SOKRATES: Gibt es nun etwas, das weder gut noch schlecht, sondern dazwischen (neutral) ist?

Die Seefahrt selbst ist weder gut noch schlecht, doch sie kann ein gutes Mittel sein, um reich zu werden, kann sich aber auch als schlechtes Mittel erweisen, wenn ein Schiff untergeht.

POLOS: Zwangsläufig.

SOKRATES: Gut nennst du also Wissen, Gesundheit, Reichtum und dergleichen, schlecht dagegen das Gegenteil?

Was weder gut noch schlecht ist, aber manchmal zum Guten oder zum Schlechten mitwirkt oder zu keinem von beiden, wie Gehen oder Seefahrt oder Steine und Holz (Material zum Hausbau), nennst du anders?

»oder zu keinem von beiden«, ein für das Argument unnötiger Zusatz, vgl. zu 474d3–475a4.

POLOS: Nicht so, sondern anders (468a4).

»anders« = »Mittel«.

468a5–c8 SOKRATES: Betreiben nun die Menschen das Mittel (z.B. Seefahrt) wegen des Guten (z.B. Reichtum) oder umgekehrt das Gute wegen des Mittels?

POLOS; Natürlich das Mittel wegen des Guten.

SOKRATES: Wir gehen also, wenn wir gehen, um das zu erreichen, »weswegen« wir gehen, also »das Gute«?

Wir töten also, falls wir das wollen, und verbannen und berauben, weil wir glauben, es sei besser, das zu tun, als es nicht zu tun?

Sokrates scheint sich nicht bewußt zu sein, daß »das Gute« hier nicht absolut, sondern relativ ist.

Bei allem, was jemand tut, hat er das Gute zum Ziel?

Wir sind uns also einig, unser Wollen (*boúlesthai* b9) beim Tun gilt nicht dem Mittel, sondern dem Ziel?

Wir wollen also nicht töten/verbannen/berauben um seiner

selbst willen, sondern nur dann, wenn es uns nützt und nicht schadet?
Denn wir wollen das Gute, wie du sagst, und nicht das weder gute noch schlechte Mittel oder gar schlechte Mittel?
Habe ich nicht recht?
Warum antwortest du nicht?
POLOS *(zögernd)*: Du hast recht (c8).

Polos scheint gemerkt zu haben, daß er seine Definition der Macht als »tun können, was man will« nicht aufrechterhalten kann. Vielleicht hat er sich auch gewundert, daß Sokrates hier sogar das »töten/verbannen/berauben« für »gut« zu halten scheint, also anerkennt, daß »das Gute« relativ sein kann, nämlich gut für den Täter und schlecht für sein Opfer.

SOKRATES: Wenn jemand etwas tut, das er für gut hält, das 468d1–e9
ihm jedoch schaden würde, »will« er das wirklich?
POLOS: Er scheint mir nicht zu tun, was er will (d6–7).

Polos sagt nicht einfach »Ja«, vermutlich weil ihm peinlich ist, so lange an seiner Definition festgehalten zu haben; denn auch er weiß natürlich, daß man irrtümlich etwas »wollen« kann, was man eigentlich nicht will, weil es einem schaden würde. Heute wäre ein Beispiel Eislaufen, wenn das Eis noch zu dünn ist.

SOKRATES: Kann er dann im Staat mächtig sein? Und ist Macht etwas Gutes, wenn sie das ist, was du eben zugegeben hast?
POLOS: Nein, das kann er nicht (e2–3).

Polos gibt damit zu, daß der Mächtige Fehler machen und sich damit selbst schaden kann. Macht kann also auch schlecht für den Mächtigen sein.

SOKRATES: Ich hatte also recht, als ich behauptete, daß jemand, der im Staat tut, was ihm einfällt, nicht mächtig ist und nicht tut, was er will?

Sokrates will damit sagen, daß ein Tyrann, der nach Belieben Menschen tötet, das nicht wollen würde, wenn ihm klar wäre, daß er sich damit schadet.

468e6–469b2 Polos: Möchtest du nicht im Staat tun können, was dir einfällt? Und bist du nicht neidisch, wenn du siehst, daß jemand Menschen töten, berauben oder einsperren kann (ohne Strafe fürchten zu müssen)?

Polos antwortet nicht auf Sokrates' Frage, ob ein Mächtiger sich selbst ungewollt schaden kann, sondern erinnert daran, daß die Menschen zwar keinen Tyrannen über sich haben wollen, aber gern selbst Tyrann wären, weil sie sich dann alle Wünsche erfüllen könnten.

Rechtmäßige und widerrechtliche Macht.

468e10–469b2 Sokrates: Meinst du rechtmäßig (*dikaíōs*) oder widerrechtlich (*adíkōs*) (töten, berauben, einsperren)?

Ein antiker Hausherr, der von dem Recht, einen Einbrecher zu töten, Gebrauch machte, handelte »rechtmäßig« und mußte keine Bestrafung fürchten.

Sokrates weicht damit vom Thema ab, bei dem es nur um »widerrechtliche Macht« geht. Polos denkt dabei an »Redner«, die als Ankläger Richter dazu bringen können, einen Unschuldigen zum Tode zu verurteilen.

Polos: Wer das kann, ist in beiden Fällen beneidenswert.

Polos hält daran fest, daß Macht als solche erstrebenswert ist, während Sokrates gute und schlechte Macht unterscheidet und nicht einmal jede gute Macht für erstrebenswert hält.

Sokrates: Den widerrechtlich Tötenden sollte man bemitleidenden, den rechtmäßig Tötenden sollte man nicht beneiden (469b1–2).

Für Sokrates ist keine Form der Macht erstrebenswert, auch die rechtmäßige nicht, wenn sie der Bestrafung dient, also einem nur indirekt guten Ziel.

Daß Macht auch einem direkt guten Ziel dienen kann, wie der Verhinderung von Straftaten durch Erziehung, berücksichtigt Sokrates nicht, obwohl er selbst doch tagaus, tagein die Macht der Rede nutzt, um Menschen besserzumachen.

»Rechtmäßig Tötende« sind der tötende Hausherr und Richter, die Todesurteile fällen. Sokrates hätte auch den Kriegsdienst nennen können, den er wie alle anderen Bürger leistete. Daß man diese rechtmäßig Tötenden »nicht beneiden« sollte, ist für ihn selbstverständlich, weil auch rechtmäßiges Töten keinem Menschen Vergnügen bereiten sollte.

Daß man mit widerrechtlich Tötenden »Mitleid« haben sollte, ist eine paradoxe Provokation, weswegen Polos zu Recht scharf protestiert: Mitleid verdiene doch nicht der Täter, sondern sein Opfer.

POLOS: Der »widerrechtlich Getötete« ist bemitleidenswert 469b3–11
und übel daran.

SOKRATES: Weniger als der (widerrechtlich) Tötende und weniger als der rechtmäßig Getötete.

Das ist die Sokratische Paradoxie »Unrechttun ist schlimmer als Unrechtleiden«. Vgl. Einleitung 9.

Das größte Übel (*kakón*) ist das Unrechttun (469b8–9).

POLOS: Ist nicht das Unrechtleiden ein größeres Übel?

SOKRATES: Keineswegs.

Sokrates hätte die Gelegenheit nutzen können, seine provokante Paradoxie (Unrechttun ist schlimmer als Unrechtleiden) aufzuklären und den Vergleich mit dem Unrechtleiden beiseite zu lassen, was das Gespräch vereinfacht hätte, hält aber daran fest.

POLOS: Du möchtest lieber Unrecht leiden als tun? 469b12–e7

SOKRATES: Ich will beides nicht, aber wenn ich wählen müßte, möchte ich lieber Unrecht leiden (469c1–2).

Sokrates würde lieber verhungern als Brot stehlen.

POLOS: Du möchtest nicht Tyrann sein (469c3)?

Die Frage hatte Polos schon 468e6–9 gestellt.

SOKRATES: Nein, wenn du dasselbe wie ich darunter verstehst.

POLOS: Ich verstehe immer noch darunter jemanden, der im Staat willkürlich jemanden töten, berauben und alles tun kann, was ihm einfällt.

Der Tyrann ist für ihn dadurch definiert, daß er ungestraft Unrecht tun kann.

Sokrates: Ich könnte jemanden auf offener Straße nach Gutdünken erstechen. Bin ich deswegen mächtig (469c8–e7)?

Unrechttun wird bestraft.

469e8–470a12 Polos: Du würdest bestraft werden (470a5).
Sokrates: Wäre das schlecht für mich?
Polos: Ja. sehr (a8).
Sokrates: Wenn jemand tut, was er für richtig hält, und sich daraus etwas (für ihn) Nützliches und Gutes ergibt, dann ist das deiner Meinung nach Macht. Wenn sich das nicht ergibt, sondern etwas für ihn Schlechtes (Strafe), wäre es Machtlosigkeit.

Wenn ein Tyrann gestürzt und bestraft wird, ist das ein Beweis, daß er nicht wirklich mächtig war.

Es gibt gute und schlechte Macht.

470b1–c3 Aber laß uns auch Folgendes betrachten. Wir sind uns einig, daß Töten/Verbannen/Berauben manchmal besser und manchmal schlechter ist?

Wenn ein Gericht Verbrecher dazu (Tod/Verbannung/Enteignung) verurteilt, ist es gut, wenn ein Tyrann das Unschuldigen antut, ist es schlecht.

Polos: Ja (b8).
Sokrates: Wann ist deiner Meinung nach die Ausübung (der Macht) besser? Sage, wie du sie definierst!
Polos: Antworte selbst!

Polos hat die Macht durch das straflose Unrechttun des Tyrannen definiert. Da Sokrates nun plötzlich bessere und schlechtere Macht unterscheidet, ist seine Definition nur noch halb richtig, weil Sokrates eine Macht nennt, die nicht strafbar ist. Er will daher von Sokrates hören, wie dieser die bessere Macht definiert.

Sokrates: Ich sage, wenn du es lieber von mir hören willst:

Rechtmäßig (*dikaíōs*) Macht auszuüben ist besser, wenn unrechtmäßig (*adíkōs*), ist es schlechter (c1–3).

Richter haben die Macht, das Recht durchzusetzen.

Polos *(ironisch)*: Es ist schwer, dich zu widerlegen. Könnte dich nicht jedes Kind widerlegen? 470c4–8

Polos ist verärgert, weil Sokrates mit der Unterscheidung zwischen guter und schlechter Macht anscheinend davon ablenken will, zugeben zu müssen, daß seine Behauptung, Unrechtleiden sei weniger schlimm als Unrechttun, absurd ist.

Mit dem ironischen »schwer zu widerlegen« will er sagen: Eigentlich ist es sinnlos, mit dir reden; denn du bist uneinsichtig und bestreitest, was für jeden vernünftigen Menschen offensichtlich ist.

Sokrates *(ironisch)*: Ich werde dem Kind und dir dankbar sein, wenn du mich widerlegst.

Wer Unrecht getan hat, kann nicht glücklich sein.

Polos: Ist Archelaos oder der Perserkönig glücklich oder unglücklich? 470c9–471a3

Sokrates: Um das sagen zu können, müßte ich wissen, wie es um seine Bildung (*paideía* 470e6) und Gerechtigkeit steht.

Polos: Deiner Meinung nach ist Archelaos nicht glücklich?

Sokrates: Ja. Wenn er Unrecht getan hat, ist er nicht glücklich.

Polos *(längere Rede)*: Ist denn Archelaos kein Verbrecher (*ádikos*)? Er hat Verwandte ermordet, um König von Makedonien zu werden, aber er ist glücklich (weil er sich als König alles erlauben kann). Jeder würde doch gern Archelaos sein. 471a4–e1

Sokrates: Das ist wieder deine Art, eine lange Rede zu halten, statt kurz zu antworten. Ich halte nichts von dem, was du sagst, für richtig (d3–9).

Polos: Du willst das nicht zugeben, obwohl du denkst wie ich.

Polos will damit natürlich nicht sagen, er selbst und Sokrates würden gern wie ein Tyrann Menschen ungestraft ermorden und ein Luxusleben führen können. Er meint die Macht, die gute Redner in der Demokratie zum Wohle des Staates und der Menschen ausüben können. Er kann nicht verstehen, daß Sokrates anscheinend nicht die Macht haben möchte, die Menschen besser zu machen.

Was ist wichtiger vor Gericht, viele Zeugen oder die Wahrheit?

471e2–472d5 Sokrates *(längere Rede)*: Du versuchst mich mit einem rhetorischen Trick zu widerlegen. Wie kannst du glauben, mich widerlegt zu haben, wenn du – wie vor Gericht – »viele Zeugen« aufbietest, wo es doch nur auf die »Wahrheit« ankommt. Manchmal können viele und als seriös geltende Zeugen Falsches aussagen (472a1–2).

Dir mögen alle Menschen zustimmen. Auch wenn du viele angesehene Politiker, darunter Nikias und Perikles, als Zeugen nennst, würde ich dir nicht zustimmen, obwohl ich allein bin; denn ich halte an der Wahrheit (b6) fest.

Ich will nur **deine** Zustimmung zu meiner Meinung erreichen. Wenn mir das nicht gelingt, ist all mein Reden nutzlos. Es gibt nämlich ein – auch dir bekanntes – anderes Beweisverfahren. Wir sollten die beiden miteinander vergleichen (c4–6).

Sokrates meint mit den zwei Beweisverfahren die Erfahrung (Praxis), die Polos vertritt, und das übergeordnete Wissen (Theorie), an das er selbst glaubt.

Wir streiten über eine sehr wichtige Frage, nämlich wer glücklich und wer nicht glücklich ist.

Das ist die Frage »Was ist ein gutes Leben?«

Du bist der Meinung, ein Mensch, der wie Archelaos Verbrechen begeht, könne glücklich sein?

Polos: Ja, genau das meine ich (472d5).

Bestraftwerden macht glücklich.

SOKRATES: Ich dagegen halte das (daß ein Verbrecher glücklich sein kann) für unmöglich. Wäre deiner Meinung nach ein Verbrecher wie Archelaos glücklich, wenn er vor Gericht kommt und bestraft wird? 472d6–473a1
POLOS: Selbstverständlich wäre er nicht glücklich, sondern äußerst unglücklich.
SOKRATES: Deiner Meinung nach wäre er dagegen glücklich, wenn er unbestraft bliebe?
POLOS: Ja, das behaupte ich (472e3).
SOKRATES: Ich dagegen glaube, daß ein Unrechttuender unglücklich ist und noch unglücklicher, wenn er unbestraft bleibt.
POLOS: Das ist doch Unsinn (*átopa* 473a1).

Sokrates kündigt einen Beweis an.

SOKRATES: Ich will versuchen zu erreichen, daß du meinem Satz »Unrechttun ist schlimmer als Unrechtleiden« zustimmst. 473a2–b11

Das will er durch einen formalen Beweis, d.h. durch eine logische Begriffsanalyse, erreichen.

POLOS *(ironisch)*: Der Satz ist besonders schwer zu widerlegen.

Polos muß glauben, Sokrates wolle ihm beweisen, unter einem Verbrechen habe der Täter mehr zu leiden als das Opfer. Für ihn ist der Satz in sich so absurd, daß er gar nicht widerlegt werden muß.

Sokrates scheint nicht zu sehen, wie paradox (und der Diskussion nicht förderlich) sein Satz durch den scheinbar direkten Vergleich zwischen Unrechttun und Unrechtleiden ist. Vgl. Einleitung 9.

SOKRATES: Nein, es ist unmöglich, ihn zu widerlegen; denn die »Wahrheit« (b10) kann niemals widerlegt werden.

An seinem Satz ist wirklich wahr, daß Unrechttun schlimm ist (und bestraft werden muß); der Vergleich mit dem Unrechtleiden ist bestenfalls um mehrere Ecken herum wahr.

Kann ein Verbrecher glücklich sein?

473b12–e5 POLOS *(längere Rede)*: Du bist der Meinung, jemand, der nach der Tyrannis strebt und deswegen äußerst grausam hingerichtet wird, sei glücklicher als jemand, der unbestraft bleibt und als Tyrann herrscht und absolute Macht hat und von den Bürgern und allen Menschen bewundert und als glücklich gepriesen wird?
SOKRATES: Jetzt willst du mich erschrecken (473d1) und mich nicht (durch Argumente) widerlegen. So hast du eben Zeugen (statt Argumente) benutzen wollen. Aber sage es mir noch einmal. Du meinst jemanden, der Tyrann werden möchte und damit gegen das Recht verstößt?
POLOS: Ja, den meine ich.
SOKRATES: Glücklicher (als weniger mächtige Menschen) ist keiner von beiden, weder derjenige, der rechtswidrig Tyrann geworden ist, noch derjenige, der wegen des Versuchs, Tyrann zu werden, bestraft wurde. Aber unglücklicher ist derjenige, dem es gelungen ist, Tyrann zu werden (und zu bleiben).
Du lachst, aber Lachen ist keine Widerlegung (e2–3).
POLOS: Du glaubst, nicht widerlegt zu sein, wenn du etwas sagst, was sonst niemand sagt? Frage die Anwesenden!

473e6–474a1 SOKRATES: Ich bin erst neulich ausgelacht worden, als ich bei der Stimmenauszählung ungeschickt war.

Sokrates war einmal für die Stimmenauszählung bei der Abstimmung in einem Gremium verantwortlich. Ihm scheint das Lachen nichts ausgemacht zu haben, obwohl sein Ungeschick ihm eigentlich hätte peinlich sein müssen.

474a2–b1 Daher rufe nicht die Anwesenden als Zeugen auf, sondern versuche, mich zu widerlegen auf die Art, die ich für richtig halte. Ich brauche dazu nur eine Stimme, nämlich die Stimme meines Gesprächspartners.

Sokrates will einen formalen Beweis erbringen und geht davon aus, daß er gültig ist, wenn Polos ihn anerkennt. Wie Sokrates glauben kann, Polos' Zustimmung garantiere die Gültigkeit des Beweises, ist unerfindlich. Nur wer selbst absolut sicher sein kann, im Besitz der Wahrheit zu sein, kann so reden.

Sokrates tritt zwar im *Gorgias* sehr selbstbewußt auf, glaubt aber nicht immer, die Wahrheit zu besitzen. Vgl. 488a2–b1, 506a 1–5. In Platons *Verteidigungsrede des Sokrates* (21d) erklärt er, sich nicht einzubilden, etwas zu wissen.

Gorgias schweigt höflich und läßt Sokrates die Behauptung, Übereinstimmung zwischen zwei Menschen bedeute Wahrheit, unkommentiert durchgehen.

Willst du darauf eingehen und dich prüfen lassen und auf meine Fragen antworten? 474b1–c3

Ich glaube, daß alle Menschen – wie auch ich und du – meinen Satz

»Unrechttun ist schlimmer (schlechter) als Unrechtleiden«

für richtig halten und ebenso den Satz

»Nicht-Bestraftwerden ist schlimmer (schlechter) als Bestraftwerden«.

Polos: Das glaubt doch niemand (b6–7)!

Sokrates: Sowohl du als auch alle anderen!

Polos: Weit gefehlt, weder ich noch du noch sonst jemand!

Sokrates: Willst du nicht Antworter sein?

Da Behauptung gegen Behauptung steht, fragt Sokrates, ob Polos bereit ist, sich auf seinen Beweis einzulassen.

Polos *(ironisch)*: Ich will antworten; denn ich möchte sehr gern wissen, was du sagen wirst.

Polos ist gespannt, wie Sokrates diese beiden (für Polos offensichtlich unsinnigen) Sätze verteidigen will, und ist deswegen bereit, zu antworten.

Sokrates' Beweisversuch

Der Beweis arbeitet mit der Mehrdeutigkeit der Begriffe »häßlich« (*aischrón*) und »schlimm/schlecht« (*kakón*).
»Häßlich« kann ästhetisch »unerfreulich« und ethisch »schändlich« bedeuten,[4]
»schlimm/schlecht« (*kakón*) kann ethisch »verwerflich« und utilitär (dem Nutzen nach) »schädlich« bedeuten.
Sokrates will beweisen, daß »gut« durch Nachdenken zu »schlecht« und durch weiteres Nachdenken wieder zu »gut« werden kann. Wenn jemand ein Unrecht begeht, das er für gut (für ihn nützlich) hält, müßte er zu der Einsicht kommen, daß er sich dadurch selbst geschadet hat und dieser Fehler durch Bestrafung gutgemacht werden muß.

474c4–d2 SOKRATES: Was hältst du für schlimmer (*kákion*), das Unrechttun oder das Unrechtleiden?

Das ist der eigentlich unzulässige Vergleich, der in dem paradoxen Satz »Unrechttun ist schlimmer als Unrechtleiden« steckt.

POLOS: Das Unrechtleiden.

Polos findet, daß die Verwandten, die Archelaos ermordet hat, mehr leiden, weil sie tot sind, während Archelaos zwar ein Mörder ist, aber lebt und König ist.

Unrechttun ist häßlich und schädlich.

SOKRATES: Was ist häßlicher (*aíschion*), Unrechttun oder Unrechtleiden?

Das ist die Frage nach der ethischen Bewertung.

POLOS: Das Unrechttun ist häßlicher.

Polos hätte sich nicht auf den Vergleich einlassen dürfen; denn den ermordeten Verwandten ist ethisch nichts vorzuwerfen.

[4] Schleiermacher, Apelt und Dalfen übersetzen *aischrón* weiter mit »häßlich«, so daß die ästhetische/ethische Doppeldeutigkeit nicht herauskommt.

Sokrates: Ist es, wenn es häßlicher ist, auch »schädlicher« (*kákion*)?

Sokrates will wissen, ob Unrechttun dem Täter schadet.

Polos: Keineswegs.

Polos versteht die Frage, wie sie gemeint ist, hätte aber eigentlich fragen müssen, ob Sokrates dabei an die Opfer des Unrechttuns oder an den Täter denkt.

Sokrates: Ich verstehe. Du scheinst »schön« und »gut« zu unterscheiden und ebenso »häßlich« und »schlecht«?

Polos: Ja.

Polos bemerkt nicht, daß Sokrates damit ethische (objektive) und utilitäre (subjektive) Werte vermischt:
schön (*kalón*) = objektiv lobenswert,
gut (*agathón*) = subjektiv nützlich,
häßlich (*aischrón*) = objektiv verwerflich,
schlecht (*kakón*) = subjektiv schädlich.
Wenn Sokrates »gut« sagt, ist immer zu vermuten, daß er »objektiv gut« meint und auf »das Gute an sich« hinauswill.

Sokrates: Beim Schönen unterscheidest du »nützlich« (*chré-* 474d3–
simon) und »erfreulich« (*hedoné* d8), und das Schöne kann 475a4
beides zugleich sein?

Ein Gemälde kann entweder nützlich (als Kapitalanlage) oder erfreulich (als ästhetischer Genuß) oder beides zugleich sein.
Bei dieser überraschenden, aber harmlos klingenden Differenzierung »a oder b oder a+b« kann man den Verdacht haben, Sokrates wolle damit Polos die Zustimmung zu einem »entweder/oder«, d.h. einem kontradiktorischen Gegensatz entlocken. Aber es scheint sich nur um eine rhetorische Komplikation zu handeln, die den Antworter glauben lassen soll, der Frager gehe sehr sorgfältig vor. Vgl. zu 467e1–468a4.

Polos *(ironisch)*: Sehr gut, Sokrates, wie du beim Schönen zwischen »Lust« (*hedoné*) und dem »Guten« (*agathón*) unterscheidest (475a2–4).

Polos weiß nicht, wie berechtigt seine Ironie ist; denn wenn Sokrates hier »gut« und »nützlich« gleichsetzt, also die Relativität von »gut« anerkennt, darf man an der Existenz eines »Guten an sich« zweifeln.

475a4–b2 Sokrates: Im Gegensatz dazu verursacht das Häßliche »Schmerz« (*lype*) oder »Schaden« (*kakón*)?
Und »schöner« bedeutet mehr Lust oder Nutzen oder beides – und »häßlicher« bedeutet mehr Schmerz oder Schaden oder beides?

Da Sokrates beweisen will, daß Archelaos nicht glücklich sein kann, muß er zeigen, daß er durch seine Morde Schmerz und Schaden erlitten hat.

Polos: Ja.

Polos hätte eigentlich, statt einfach »Ja« zu sagen, gegen den Komparativ, d.h. den Vergleich mit dem Unrechtleiden protestieren können. Er hätte dann »Ja und Nein« antworten müssen, um klar zwischen dem Unrechttuenden (Archelaos) und den Unrechtleidenden (den Ermordeten) zu unterscheiden.
Wenn ein Täter Gewissensbisse hat (oder haben sollte) und in schlechtem Ruf steht, ist sein Schmerz und Schaden selbstverschuldet und nicht vergleichbar mit dem Schmerz und Schaden, den seine unschuldigen Opfer erlitten haben.
Den Komparativ wird Sokrates im Gespräch mit Kallikles benutzen, um zu beweisen, daß Kallikles eigentlich behaupte, ein Mörder sei glücklicher als der Ermordete. Vgl. 499b4–e5.

475b3–8 Sokrates: Du sagtest, Unrechtleiden sei schädlicher (*kákion*), Unrechttun sei häßlicher (*aíschion*)? Wenn das Unrechttun häßlicher ist als das Unrechtleiden, erzeugt es mehr Schmerz (*lype*) oder Schaden (*kakón*) oder beides?

Sokrates bleibt bei seinem fragwürdigen Vergleich zwischen Unrechttun und Unrechtleiden.

Polos: Ja.

Polos läßt sich mit diesem »Ja« weiter auf Sokrates' (seiner Meinung nach absurden) Vergleich ein. Er hätte »Nein« sagen und an Archelaos erinnern können, der es offensichtlich in Kauf nahm, daß die Ermordung von Verwandten als schändlich galt. Außerdem wurde Archelaos wahrscheinlich nicht von Gewissensbissen gequält, sondern war glücklich, als es ihm gelungen war, König zu werden. Als König war er zwölf Jahre hindurch politisch sehr erfolgreich, bis er 399 wegen einer privaten Feindschaft ermordet wurde.

Niemand will *etwas Schändliches tun.*

SOKRATES: Dazu eine erste Frage: Übertrifft das Unrechttun das Unrechtleiden an Schmerz (*lype*) und empfinden die Unrechttuenden mehr Schmerz als die Unrechtleidenden? 475b8–d4

Das ist wieder der paradoxe Satz »Unrechttun ist schlimmer/schlechter als Unrechtleiden«, den Polos nicht akzeptieren will und der auch für heutige Leser paradox und problematisch ist oder sein sollte.

Die zweite Frage folgt 476a3 und gilt Sokrates' Behauptung, Bestrafung mache die Unrechttuenden glücklich.

POLOS: Keineswegs.

Damit sagt Polos offen seine Meinung. Er protestiert gegen den direkten Vergleich zwischen Unrechttun und Unrechtleiden und gegen Sokrates' Behauptung, daß der Täter Schmerz und sogar größeren Schmerz empfinde als sein Opfer.

SOKRATES: Also wenn nicht an Schmerz und nicht an beidem, dann übertrifft das Unrechttun das Unrechtleiden an Schaden (*kakón*)?

Sokrates gibt damit zu, daß Archelaos wahrscheinlich keinen Schmerz (Gewissensbisse) wegen seines Unrechttuns empfunden hat, aber hält daran fest, daß er seinem Ruf und damit sich geschadet hat, weil er als Mörder galt.

POLOS: Offensichtlich (c9).

Polos stimmt zu, weil er darin einer Meinung mit Sokrates ist. Aber er hätte hinzufügen können, daß Archelaos diesen Schaden offensichtlich gern in Kauf nahm, weil der Gewinn (das Königsein) für ihn unvergleichlich größer war.

SOKRATES: Die meisten Menschen sind mit dir, wie du uns vorhin gesagt hast, der Meinung, Unrechttun sei häßlicher (*aíschion*) als Unrechtleiden? Jetzt aber hat es sich als schädlicher (*kákion*) erwiesen.

POLOS: So sieht es aus.

Polos bejaht, daß Archelaos seinem Ruf durch die Morde geschadet habe, aber möchte zugleich verneinen, daß die ermordeten Verwandten einen kleineren Schaden erlitten hätten. Er hätte auch »Ja und Nein« sagen können.

475d4–e6 SOKRATES: Würdest du das Schlechtere und Häßlichere dem weniger (Schlechten und Häßlichen) vorziehen?

Sokrates stellt damit eine Frage, die jeder sofort mit »Nein« beantworten würde. Er will darauf hinaus, daß auch Archelaos »Nein« sagen müßte.

POLOS: Nein.

SOKRATES: Würde ein anderer Mensch es vorziehen?

POLOS: Niemand würde es vorziehen, wenn man deine Argumentation (*logos*) anerkennt (475e2–3).

Polos glaubt, diese Selbstverständlichkeit ergebe sich aus Sokrates' theoretischem Beweis (*logos*), und sieht nicht, daß Sokrates ihm damit praktisch ein »Ja« zu dem Satz »Unrechttun ist schlimmer/schlechter als Unrechtleiden« entlockt hat.

SOKRATES: Ich hatte also recht, als ich sagte, niemand würde lieber Unrecht tun als Unrecht erleiden.

POLOS: So sieht es aus (*phaínetai*).

Polos scheint jetzt zu ahnen, daß ein eindeutiges »Ja« falsch wäre. Er ist bereit, Sokrates' Behauptung, daß Archelaos sich durch die Morde selbst geschadet habe, als richtig anzuerkennen, ist aber nach wie vor überzeugt, daß Archelaos die Morde offensichtlich nicht als Schaden, sondern als Gewinn verbucht hat.

475e7–476a3 SOKRATES: Mir genügt es, daß du mir zustimmst, auch wenn alle anderen das nicht tun. Doch lassen wir es dabei bewenden.

Polos könnte dazu sagen: Wenn du mich gleich anfangs gefragt hättest, ob Archelaos durch die Morde seinem Ruf geschadet hat, hätte ich natürlich schon vorhin mit »Ja« geantwortet.

Bestraftwerden macht Straftäter besser.

SOKRATES: Nun (nach der ersten 475b8–d4) die zweite Frage, in der wir verschiedener Meinung waren. Du meintest, Bestrafung sei für Unrechttuende schädlich (*kakón* 470a8), ich dagegen meinte, das Ausbleiben der Strafe sei für sie ein größerer Schaden. 476a3–b3

Strafe ist rechtmäßige Züchtigung für begangenes Unrecht?

Was rechtmäßig ist, ist auch schön (= lobenswert)?

POLOS: Ja.

SOKRATES: Wenn jemand einem anderen etwas antut, ihn z.B. schlägt, ist das für denjenigen, dem es angetan wird, ein entsprechendes Leiden? 476b3–d4

POLOS: Ja.

SOKRATES: Wenn die Strafe rechtmäßig ist, dann ist auch das Bestraftwerden rechtmäßig? 476d5–477a8

Was rechtmäßig ist, ist schön?

Der Strafende handelt also schön, der Bestrafte erleidet etwas Schönes?

Wenn er Schönes erleidet, heißt das, er erleidet etwas Gutes?

> Hier hätte Polos einwenden müssen, daß zwar Staat/Richter/Opfer die Bestrafung für schön (objektiv gut) halten, aber die verurteilten Kriminellen sie für (subjektiv) schlecht halten und vom Gericht lieber freigesprochen werden möchten.

Er erleidet also etwas Angenehmes (*hedéa* 477a1 =*hedoné*) oder Nützliches (*ōphélima*)?

> Freuen können sich Staat/Richter/Opfer, weil sie es für nützlich halten, daß Mord bestraft wird. Archelaos sah das in seinem Fall offensichtlich ganz anders.

POLOS: Ja (a4).

> Polos scheint da nicht recht mitgekommen zu sein; denn seiner Meinung nach ist Strafe für den Bestraften höchst unangenehm (vgl. 470a8). Er müßte also eigentlich »Ja und Nein« antworten, d.h. erfreulich für Staat/Richter/Opfer, unerfreulich für den Täter.

Daß Strafe dem Bestraften nützt, ist heute anscheinend einhellige Meinung der deutschen Justiz, weil er dadurch (wie man überzeugt ist) wieder auf den rechten Weg geführt wird. Daß viele Straftäter das nicht einsehen wollen und weiter Straftaten begehen, ist bedauerlich, aber offensichtlich auch durch mehrfach wiederholte Versuche (Kette von Bewährungsstrafen) nicht zu ändern.

Sokrates meint, jeder Straftäter müsse den Nutzen der Strafe letzten Endes erkennen; denn auch dem Straftäter nützt die Strafjustiz, weil sie ihn vor Verletzung seiner Menschenwürde (im Gefängnis) und vor anderen Straftätern schützt.

SOKRATES: Durch die rechtmäßige Strafe wird folglich die Seele des Bestraften besser, weil sie von Schlechtigkeit (*kakía*) befreit wird?

POLOS: Ja.

Auch Polos hält es natürlich für wünschenswert, daß möglichst alle Menschen durch Strafen oder Strafandrohung veranlaßt werden, nichts Unrechtes zu tun.

477a8–c4 SOKRATES: Die Seele wird von dem größten Schlechten (*kakón*) befreit?

Beim (materiellen) Besitz ist Armut das größte Schlechte (*kakón*) und beim Körper sind es Schwäche, Krankheit und Häßlichkeit?

Gibt es Schlechtigkeit (*ponería*) der Seele wie z.B. Ungerechtigkeit (*adikía*), Unverstand (*amathía*), Feigheit (*deilía*)?

ponería ist ethisch schärfer negativ als *kakía*.

Analog sind es beim materiellen Besitz Armut (*penía*), Krankheit (*nosos*, bei Vieh und Sklaven) und erlittenes Unrecht (*adikía*, z.B. Diebstahl oder Betrug)?

Welches ist nun die schändlichste Schlechtigkeit (*ponería*)? Ist das nicht das Unrechttun (*adikía*) und ganz allgemein die Schlechtigkeit (*ponería*) der Seele?

POLOS: Ja, auf jeden Fall.

477c4–e6 SOKRATES: Ist die schändlichste auch die schlechteste (*kakíste* »schädlichste«) Schlechtigkeit (*ponería*) der Seele?

Polos: Wie meinst du das?
Sokrates: Wie wir uns (475a4–b2 und 477b4–c4) einig waren, erzeugt das Häßlichste (*aíschiston*) entweder größten Schmerz (*lype*) oder Schaden (*blabe*) oder beides.
Wir sind uns also einig, daß Unrechttun (*adikía*) der Seele, d.h. die allgemeine Schlechtigkeit (*ponería*) der Seele, am häßlichsten ist?
Sie erzeugt den größten Schmerz (*aniarótaton* d2, »das Unangenehmste«) oder Schaden (*blabe*) oder beides?
Polos: Zwangsläufig (477d3).
Sokrates: Schmerzlicher (*algeinóteron* d4) als Hunger und Krankheit sind also Unrechttun (*ádikon*), Zügellosigkeit, Feigheit und Unverstand?
Polos: Das glaube ich nicht; es folgt jedenfalls nicht aus dem (von dir) Gesagten (d5–6).

Polos lehnt Sokrates' Folgerung ab. Er könnte auf die Erfahrung verweisen, daß Hunger zum Stehlen verleitet, also für den Hungernden unangenehmer als Stehlen ist.

Sokrates: Durch übergroßen Schaden (*blabe*) und erstaunlich Schlechtes (*kakón*) übertrifft also die Schlechtigkeit (*ponería*) der Seele alles andere (Schlechte) und sie ist das Schädlichste von ihnen und nicht (nur), wie du sagst, weil sie »schmerzt« (e2 = dem Täter schadet)?
Sokrates reagiert nicht auf Polos' Vorbehalt, sondern fährt einfach fort. Ihm geht es nicht um den Schmerz realer Straftäter (ihr schlechtes Gewissen oder ihre Bestrafung), sondern um die Schlechtigkeit an sich. Er glaubt, die Welt sähe besser aus, wenn es an der Seele der Menschen keine Schlechtigkeit gäbe.
Polos: So scheint es.

Polos könnte hinzufügen, daß die Realität leider anders aussieht.

Sokrates: Der größte Schaden (*blabe, kakón*) in der Welt ist also diese (Schlechtigkeit der Seele)?
Im einzelnen sind das: Unrechttun, Zügellosigkeit und die übrige Schlechtigkeit (*ponería*) der Seele?
Polos: So scheint es (e6).

Die Strafjustiz macht rechtstreue Bürger und Straftäter glücklich.

477e7–478b2 SOKRATES: Gegen Armut hilft das Geldverdienen?
Gegen Krankheit hilft die Heilkunst?
Gegen Schlechtigkeit, Unrechttun und Zügellosigkeit hilft die Justiz durch gerechte Bestrafung?
POLOS: Ja.

478b3–7 SOKRATES: Welches von den dreien ist am schönsten (= wichtigsten)?
POLOS: Weitaus die Justiz.

Polos meint den »Rechtsstaat«, in dem nicht das Recht des Stärkeren gilt, sondern jeder zu seinem Recht kommen kann.

SOKRATES: Die Justiz erzeugt also die größte Freude (*hedoné*) oder den größten Nutzen oder beides?

In einem Rechtsstaat sind die Menschen froh, weil sie vor Übergriffen der Stärkeren und der Kriminellen geschützt werden. Sie können ihrer Arbeit nachgehen und dadurch sich und dem Staat nützen. Auch Kriminelle sind nicht grundsätzlich gegen den Rechtsstaat. Sie fänden es jedoch besser, wenn nur andere Kriminelle bestraft werden.

POLOS: Ja.

478b7–c3 SOKRATES: Vom Arzt behandelt zu werden bereitet Vergnügen (*hedoné, chairein*)?
POLOS: Das denke ich nicht.
SOKRATES: Aber es ist nützlich? Weil der Arzt vom Schlechten (Krankheit) befreit, lohnt es, Schmerzen zu ertragen?
POLOS: Selbstverständlich.

478c3–d4 SOKRATES: Wer ist glücklicher? Wer von einer Krankheit geheilt wird oder wer gesund ist (und keinen Arzt braucht)?
POLOS: Der Gesunde.
SOKRATES: Wer ist unglücklicher (*athliόteros*)? Wer körperlich oder seelisch krank ist und geheilt wird oder wer nicht geheilt wird und krank bleibt?
POLOS: Für mich ist derjenige, der krank bleibt, unglücklicher (d3–4).

Sokrates: Strafe bedeutet Befreiung vom größten Schaden (*kakón*), nämlich der Schlechtigkeit (*ponería*)? 478d4–e5
Strafe macht klug und führt zu rechtskonformem Verhalten?
Am glücklichsten ist also derjenige, dessen Seele nicht krank ist?
Am zweitglücklichsten ist derjenige, dessen kranke Seele geheilt wird?
Das ist derjenige, der ermahnt, gescholten und bestraft wird?
Das schlechteste (unglücklichste) Leben führt also, wer nicht geheilt wird?
Polos: Ja, so zeigt es sich (e5).
Sokrates: Unrechttuende, die wie Archelaos und andere, etwa Tyrannen, Redner und Mächtige, alles tun, um ungestraft davonzukommen, verhalten sich wie Kranke, die nicht geheilt werden wollen, weil sie die Schmerzen fürchten, die der Arzt ihnen zufügen müßte, um sie zu heilen. 478e5–479c7
Oder glaubst du das nicht?
Polos: Ich glaube das auch (479b2).
Sokrates: Sie wissen zwar, daß man bei körperlichen Schmerzen zum Arzt gehen sollte, scheuen aber die für die Heilung nötigen schmerzhaften Maßnahmen.
Aber sie wissen nicht, daß schlimmer als körperliche Schmerzen – darin waren wir uns einig – eine verworrene, ungerechte und unfromme »Seele« ist, und wollen ihre Seele nicht heilen lassen.
Um Bestrafung verhindern zu können, wollen sie reich sein, viele Freunde haben und überzeugende »Redner« sein (= sich der Rhetorik bedienen).
Wenn wir mit unserer Übereinstimmung die Wahrheit erreicht haben, weißt du, was daraus folgt?
Oder wollen wir es näher ausführen?
Polos: Ja, wenn du es für angebracht hältst (c7).

Sokrates' Folgerung

479c8–e9 SOKRATES: Das größte Übel (*mégiston kakón*) ist das Unrecht (*adikía*) und das Unrechttun (*adikeîn*)?
KALLIKLES: So scheint es.
SOKRATES: Die Befreiung davon ist das Bestraftwerden?
Wenn die Strafe ausbleibt, bleibt das Schlechte erhalten?
Das Unrechttun ist also nur das zweitgrößte (*deúteron*) Übel?
Das größte Übel ist das Nicht-Bestraftwerden?

Wenn Verbrechen nicht bestraft werden, ist das Anarchie.

POLOS: So scheint es (d6).
SOKRATES: Bei unserem Streit vertratest du die Meinung, Archelaos sei glücklich, weil er die größten Verbrechen begehen konnte, ohne bestraft zu werden.
Ich dagegen meinte, Archelaos und jeder Mensch, der straflos Unrecht tut, müsse äußerst unglücklich sein, und der Unrechttuende sei unglücklicher als der Unrechtleidende, und der Unbestrafte sei unglücklicher als der Bestrafte. – Habe ich das gesagt?
POLOS: Ja (e7).
SOKRATES: Ist damit nicht bewiesen, daß das Gesagte wahr ist?
POLOS: So scheint es.

Wie 477d5–6 erkennt Polos nur Sokrates' formalen Beweis durch Begriffsanalyse an, bleibt aber bei seiner Überzeugung, daß die Realität anders aussieht.

Sokrates redet zwar von Strafe, aber meint in Wirklichkeit Resozialisierung. Damit ist er sehr modern; denn heute wird sogar von Richtern die Meinung vertreten, Strafe sei atavistische Rache und ethisch nicht akzeptabel und es gehe im sog. Strafrecht nicht um Strafe, sondern nur um Resozialisierung.

Das ist übrigens auch die Meinung unserer Gesetze. Wenn Mörder ihre Strafe abgesessen haben, können sie sich frei bewegen und dürfen nicht »Mörder« genannt werden, während ihre Opfer nicht resozialisiert wurden, sondern immer noch tot sind.

Die Rhetorik ist nicht nützlich.

SOKRATES: Wer kein Unrecht tut, braucht keine Rhetorik. 480a1–b6

Wer niemandem Unrecht angetan hat, braucht nach Sokrates nicht zu fürchten, vor Gericht angeklagt zu werden. Das ist weltferner Optimismus, weil auch Unschuldige in Verdacht geraten können.

Der Sokrates im *Gorgias* weiß nicht, daß er selbst eines Tages vor Gericht stehen wird, obwohl er überzeugt ist, unschuldig zu sein. Aber er müßte wissen, daß Justizirrtümer vorkommen können (vgl. zu 466b11–c2).

Wer Unrecht getan hat, sollte wie zum Arzt so zum Richter gehen und sich (durch Strafe) heilen lassen.

Wie könnten wir anders reden, ohne unserer vorigen Übereinkunft zu widersprechen?

»Übereinkunft«. Polos hatte 477a4 zugestimmt, daß Strafe dem Bestraften nützt.

POLOS: Ja, was sollten wir anderes sagen?

SOKRATES: Die Rhetorik ist also nicht nützlich, wenn sie dazu dient, Straftäter vor Gericht zu verteidigen. 480b7–e4

Sie ist vielmehr nützlich, um sich selbst und Verwandte und Freunde (wenn sie Unrecht getan haben) anzuklagen.

Wollen wir das sagen?

Diese These zur Nützlichkeit der Rhetorik klang in der Antike, wo Freunde und Verwandte viel enger zusammenhielten als heute, weit provozierender als für uns.

Sokrates vergißt seltsamerweise, daß Rhetorik nützen kann, um Unschuldige zu verteidigen. Anscheinend glaubt er, die Richter würden auf jeden Fall die wahre Sachlage aufklären können und zweifelsfrei erkennen, ob der Angeklagte schuldig ist oder nicht.

POLOS: Das halte ich zwar für absurd (*átopa*), aber es paßt wohl zu dem, was du gesagt hast (e1–2).

Polos gibt in der Sache nicht nach, gesteht aber zu, Sokrates habe anscheinend widerspruchsfrei argumentiert.

SOKRATES: Wir müssen also entweder »jenes« aufgeben oder »dies« als zwangsläufig richtige Folgerung anerkennen.

> »jenes« = daß die Rhetorik scheinbar nützlich ist, weil sie Straftäter vor Strafe bewahren kann,
> »dies« = daß sie nützt, weil sie hilft, Straftäter anzuklagen, also auch sich selbst und Verwandte und Freunde.

POLOS: Ja, so ist es.

480e5 – 481b5 SOKRATES: Zum Gegenteil (des Nutzens, also zum Schaden, den die Rhetorik anrichten kann) übergehend (frage ich): Darf man (mit Hilfe der Rhetorik) einem Feind oder sonst jemandem schaden, sei denn, der Feind tut uns Unrechtes an, wovor man sich schützen darf?

> Nach Sokrates darf man keinem Feind (= Mitglied eines feindlichen Clans) schaden wollen. Nur wenn man angegriffen wird, darf man sich zur Wehr setzen.

Wenn aber der Feind einem anderen schadet, muß man dann nicht alles tun, damit er nicht vor Gericht kommt?

> Das würde Recht und Gerechtigkeit pervertieren, also dem Rechtsstaat schaden.
> Unter »man« sind entweder Freunde des Feindes zu verstehen oder »Feind« ist, wie Dalfen (S. 309) erklärt, »eine übersteigerte Behauptung, die man nur als Ironie verstehen kann«. In den Kommentaren von Dodds und Irwin wird zu dem paradoxen »Feind«, der den aufmerksamen Leser stutzen läßt, nichts gesagt.

Und wenn er angeklagt wird, muß man dann nicht alles tun, daß der Feind freigesprochen wird und alles geraubte Geld behalten und für sich und seine Freunde unrechtmäßig und gottlos ausgeben kann?

Und wenn er den Tod als Verbrecher verdient, muß man dann nicht alles tun, daß er nicht sterben muß, sondern sozusagen unsterblich wird, obwohl er ein Verbrecher ist, und wenn das (die Unsterblichkeit) nicht möglich ist, er als Verbrecher möglichst lange lebt?

> Wer meint, die Rhetorik sei dazu da, um Straftäter zu schützen, müßte das nach Sokrates sogar für »Feinde« gelten lassen.

In der Öffentlichkeit wurde die erfolgreiche Verteidigung eines offensichtlichen Verbrechers als rhetorisches Meisterstück bestaunt.

Zur Verteidigung von Verbrechern scheint mir die Rhetorik nützlich zu sein. Wer dagegen kein Unrecht tun will, dem kann sie nicht nützen.

Wo sie (scheinbar) nützt, hat das eben Gesagte gezeigt (481b2–5).

Da Sokrates keine Frage stellt, muß Polos nicht antworten. Er glaubt weiterhin an die Erfahrung, daß die Rhetorik nützen kann, um sich und Freunde und Verwandte vor Unrecht zu schützen, scheint aber anzuerkennen, daß Sokrates' Behauptung, daß ein Unschuldiger keine Rhetorik braucht, irgendwie plausibel klingt.

Daß Sokrates keine Frage stellt, kann ihm recht sein, weil er eine Fortsetzung des Gesprächs für sinnlos hält.

Die dadurch entstehende Pause nutzt Kallikles und fragt Chairephon, was er von Sokrates' Beweis hält.

KALLIKLES: Chairephon, kann Sokrates das ernst gemeint ha- 481b6–9
ben?

CHAIREPHON: Ich denke schon, aber man sollte ihn selbst fragen.

Das Gespräch Sokrates/Kallikles (481b10–527e7)

Wie beim Gespräch Sokrates/Polos handelt es sich um die Auseinandersetzung zwischen einem Idealisten und einem Realisten. Dabei geht es nicht nur um die Macht der Rhetorik, sondern um die Macht ganz allgemein und die übergeordnete Frage »Was ist ein gutes Leben?«

Kallikles versteht darunter ein politisch und wirtschaftlich erfolgreiches Leben, Sokrates ein bescheidenes ethisch einwandfreies Leben.

Kallikles verteidigt die Freiheit des Wettbewerbs, geht aber zu weit, wenn er wie Polos den Tyrannen als Idealfall der

Freiheit hinstellt. Sokrates denkt an das Gemeinwohl, das auf der Begrenzung des Wettbewerbs beruht, geht aber zu weit, weil er nicht das praktisch erreichbare relative Gute, sondern das theoretische absolute Gute zum Maßstab macht.

Gorgias greift zweimal ein, um die gefährdete Fortsetzung des Gesprächs zu retten (497b4–10, 506a8–b3).

481b10–c4 Kallikles: Sokrates, ist das dein Ernst? Willst du sagen, daß unser Leben verkehrt ist und unser Tun dem widerspricht, was wir tun sollten?

Das ist die Frage »Was ist ein gutes Leben?«

Politik und Philosophie

481c5–482b1 Sokrates *(längere Rede)*: Wenn von zwei Menschen der eine Alkibiades, der andere einen gewissen Demos liebt, dürfte es nicht leicht sein, sich auf eine gemeinsame Liebe zu einem von ihnen zu einigen.

So geht es jetzt uns beiden; denn ich liebe die Philosophie, du das Athenische Volk (*dēmos*).

Sokrates' scherzhafter Vergleich mit Alkibiades und Demos (Pyrilampes' Sohn) paßt nur halb zur Unterscheidung zwischen Liebe zur Philosophie und Liebe zum Volk; denn Alkibiades, der als Ideal männlicher Schönheit galt, war alles andere als ein selbstloser Philosoph, sondern ein rücksichtsloser Mensch und skrupelloser Politiker.

Du (als Politiker) richtest dich nach dem Volk und wechselst deine Meinung, wenn das Volk die seine wechselt. Ich halte mich an die Philosophie, die mir immer dasselbe sagt.

Das ist der Unterschied zwischen der Praxis (Realität), um die es in der Politik (Volksversammlung) geht, und der Theorie des Philosophen, der darüber nachdenkt und seine Theorie für die absolute Wahrheit hält.

482b1–c3 Die Philosophie sagt, was ich gesagt habe: »Unrecht tun und nicht bestraft werden ist das größte Übel«. Diese Behauptung müßtest du widerlegen, wenn du dir nicht selbst widersprechen willst.

Kallikles will und kann Sokrates' Behauptung nicht widerlegen; denn er weiß, daß die Demokratie nicht funktionieren könnte, wenn Unrechttun nicht bestraft würde. Ihm geht es um die Freiheit des Wettbewerbs. Aber er macht den Fehler, den Tyrannen als Beispiel eines absolut freien Menschen zu nennen.

Sokrates will die Freiheit durch »das Gute« begrenzen, macht aber dabei den Fehler, als Maßstab für die Realität das theoretische, nicht erreichbare absolut Gute, das keine davon abweichende Freiheit erlaubt, einzusetzen. Dann wäre kein Wettbewerb möglich, was den Staat wirtschaftlich ruinieren würde.

Mein Maßstab ist nicht die Meinung anderer Menschen.

Das sind die »vielen Zeugen«, auf die Polos sich angeblich berufen hatte.

Eher soll meine Lyra falsch klingen, als daß ich mir selbst widerspreche.

Sokrates will an seiner Meinung festhalten, auch wenn alle anderen sie für falsch halten.

KALLIKLES *(längere Rede)*: Du redest wie ein jugendlicher 482c4–d6
Demagoge, der (in der Volksversammlung) dem Volk etwas aufschwatzen will.

Demagoge *(dem-egóros = dem-agogós*, »Volksführer«), Kallikles meint »Volksverführer«.

So willst du uns jetzt weismachen, Polos sei dir gegenüber dasselbe passiert, was er Gorgias vorgeworfen hat, nämlich Gorgias habe sich gescheut zu sagen, er würde den Unterschied recht/unrecht *nicht* lehren.

Polos' Behauptung, Gorgias habe sich gescheut zu sagen, er werde nicht lehren, was recht/unrecht sei, ist nicht richtig; denn Gorgias hatte (460a3–4) gesagt, wenn ein Schüler das nicht von Haus aus mitbringt, werde er das zusätzlich lehren. Er hätte hinzusetzen können, das nachzuholen sei eigentlich nicht Aufgabe der Rhetorik.

Auch bei Polos selbst kann nicht davon die Rede sein, er habe sich gescheut, offen zu sprechen. Er hatte nur zugegeben, daß Sokrates' Beweis zwar logisch in Ordnung zu sein scheine, hatte aber an seiner Meinung, die Realität sehe anders aus, weiter festgehalten.

482d6–e5 Ich wundere mich, daß Polos dir, weil er sich scheute zu sagen, was er dachte, zugestanden hat, Unrechttun sei »häßlicher« (*aíschion*) ist als Unrechtleiden.

Polos hat zwar Sokrates' Beweis als anscheinend gültig anerkannt, hat aber nicht zugegeben, daß er selbst lieber Unrecht leiden als tun würde.

Kallikles versteht unter »häßlich« etwas, was die Schwachen für verwerflich, aber die Starken für erlaubt halten.

Natur (physis) *und Konvention* (nomos)

Du gibst vor, der Wahrheit (e4) nachzujagen, aber redest ungehörig wie ein Demagoge; denn du verwechselst »Natur« und »Konvention« und behauptest, nicht die Natur sei schön, sondern die Konvention.

Kallikles hält Sokrates entgegen, daß die Menschen von Natur aus verschieden seien; denn es gebe Starke und Schwache. Die Beschränkung der Starken, die Sokrates als »Wahrheit« und »Natur« bezeichne, sei nur eine Konvention, die von der Mehrheit, den Schwachen, eingeführt sei, um sich gegen die Starken zu schützen.

482e5–483a8 »Natur« und »Konvention« haben oft die entgegengesetzte Bedeutung.

Nach Kallikles kann eine Konvention manchmal auf Natur beruhen, und umgekehrt kann etwas, das wie Natur aussieht, in Wirklichkeit bloße Konvention sein. Er deutet damit an, daß die Wahrheit, auf die sich Sokrates beruft, nur eine Konvention ist, nämlich die Meinung von Idealisten, alle Menschen seien trotz naturgegebener Unterschiede gleich.

Wenn jemand sich scheut zu sagen, was er denkt, wird er gezwungen, sich zu widersprechen.

Wenn jemand »Natur« denkt und »Konvention« sagt, würde er sich widersprechen. Doch das gilt, wie gesagt, weder für Gorgias noch für Polos; denn beide haben nur »Praxis« und »Theorie« unterschieden.

Gorgias war durch Polos' Eingreifen gehindert zu zeigen, daß der ihm von Sokrates zugeschriebene Widerspruch auf einem Mißverständnis beruht. Polos hat nur den von Sokrates vorgeführten formalen Beweis anerkannt, hat aber in der Sache nicht nachgegeben. Gorgias und Polos waren also weiter der Meinung, daß die Rhetorik ebenso natürlich ist wie die Sprache selbst.

Du nutzt das aus. Wenn jemand von Konvention redet, dann tust du so, als ob er nach der Natur gefragt habe, und umgekehrt.

Ebenso hast du es beim Unrechttun und Unrechtleiden gehalten. Als Polos das nach Konvention Häßliche meinte, wolltest du darunter das von Natur aus Häßliche verstehen. Von Natur aus häßlich ist jedoch das Schlechte (*kakón* 483a8, »Schädliche«), nämlich das Unrechtleiden, nach dem Gesetz ist dagegen das Unrechttun häßlich.

Kallikles hat offensichtlich genau zugehört und verstanden, wie Sokrates die Begriffe Natur und Konvention austauschte. Polos hatte die Meinung vertreten, daß Archelaos, seiner ehrgeizigen Natur folgend, die häßlichen Morde begangen habe, um König zu werden. Sokrates hielt dagegen Archelaos' Verhalten für unnatürlich, weil er damit nicht nur seinem Ruf, sondern sich selbst (seiner Seele) geschadet habe.

Unrechtleiden ist etwas für Schwache und Sklaven, die sich 483a8–c8
alles gefallen lassen müssen und deren Leben nicht lebenswert ist.

Die Schwachen und Vielen machen Gesetze, die ihnen nützen, und sie entscheiden, was lobenswert und was tadelnswert ist. Sie fürchten die Stärkeren, die sich Vorteile verschaffen können. Um das zu verhindern sagen sie, das »mehr als andere haben wollen« sei häßlich und unrecht und eben das sei das

Unrechttun. Ich glaube, sie sind für Gleichheit, weil sie die Schwächeren sind. Darum gilt (die Konvention), ein Verstoß gegen die Gleichheit sei gesetzwidrig und häßlich und sei Unrechttun.

Das ist das »Mehrheitsprinzip«, das in der Demokratie bei Abstimmungen gilt. Vgl. 488b1–7.

Der Stärkere ist der Bessere.

483c8–484c3 Meiner Meinung nach zeigt die Natur, daß es gerecht ist, wenn der Bessere (*ameínōn*) und Stärkere mehr bekommt als der Schlechtere (*cheírōn*) und Schwächere. Überall in der Welt, bei Tieren und Menschen, geht es so zu. Das ist das Gesetz der Natur (483e3).

Kallikles nennt als Beispiel den mächtigen Perserkönig Xerxes, der nicht nach dem Recht fragte, als er im Jahr 480 Griechenland unterwerfen wollte.

Bei uns (in unserer Demokratie) machen wir es anders (als die Natur). Den Besten und Stärksten reden wir schon früh ein, »gleiches haben« sei schön und gerecht.

Aber wenn ein Mann hinreichend stark ist, tritt er unsere Gesetze und Konventionen mit Füßen. Da zeigt sich das Recht der Natur.

Als Beispiel zitiert Kallikles aus einem Gedicht Pindars eine von Herakles' Taten, den Raub der Rinder des Königs Geryoneus.

Die Rolle der Philosophie

484c4–485a3 Du solltest das Philosophieren aufgeben. Philosophie ist etwas für junge Leute; denn auf die Dauer macht sie untüchtig für das praktische Leben, und als Politiker würden sie sich lächerlich (484e1) machen.

Vgl. 473e6–474a1, wo Sokrates erwähnt, daß er einmal nach einer Abstimmung mit dem Auszählen der Stimmen nicht zurechtgekommen war.

Ich halte es für richtig, daß junge Leute philosophieren, weil das zur Bildung beiträgt. Völlig falsch aber ist es, wenn erwachsene Männer philosophieren und sich dadurch dem Leben entfremden. 485a3–e2

Ein Philosoph (Theoretiker) ist hilflos im praktischen Leben.

Ich rede als Freund, Sokrates. Glaubst du nicht, der Zustand, in dem du und alle, die von der Philosophie nicht lassen können, sich meiner Meinung nach befinden, sei abzulehnen (*aischrón* 486a5 »häßlich«)? 485e2–486d1

Kallikles zitiert Vorwürfe, die der Praktiker Zethos (in Euripides' nicht erhaltener Tragödie *Antiope*) seinem Bruder Amphion, einem weltabgewandten Musiker, macht.

Wenn dich jetzt jemand anklagte, obwohl du unschuldig bist, und die Todesstrafe beantragte, wärest du völlig hilflos, kämest ins Gefängnis und würdest hingerichtet werden (486a7–b8).

Danach müßte der Dialog *Gorgias* vor 399 (Sokrates' Hinrichtung) geschrieben sein; denn wie Platons *Apologie (Verteidigungsrede) des Sokrates* zeigt, war Sokrates vor Gericht nicht so hilflos, wie Kallikles annimmt, sondern hätte, wenn er gewollt hätte, wahrscheinlich leicht einen Freispruch erreichen können. Er hielt das Todesurteil zwar für unberechtigt, aber akzeptierte es, weil es auf dem Mehrheitsprinzip beruhte, das er als Bürger anerkannte.

Wie kann es richtig sein, daß eine Wissenschaft (*techne* 486b5, die Philosophie) einen begabten Menschen so schlecht (hilflos) macht, daß er sich widerstandslos berauben und schlagen läßt?

Darum, du Guter, gib das (philosophische) Geschwätz (*phlyaría* 486c7) auf und orientiere dich an Männern, die wirtschaftlich erfolgreich und auch sonst angesehen sind.

Sokrates konstatiert seinen bisherigen Eindruck.

486d2–e4 Sokrates *(ironisch)*: An dir kann ich wie beim Gold sehr gut prüfen, ob mein Denken (»meine Seele«) in Ordnung ist und ich damit zufrieden sein kann?

Kallikles: Wie das?

486e5–487a5 Sokrates *(längere Rede)*: Wenn du mir zustimmst, bin ich überzeugt, daß wir die »Wahrheit« erreicht haben.

Sokrates kann nicht im Ernst glauben, wenn Kallikles ihm zustimme, sei das ein Beweis für die Wahrheit. Es sieht wie ein rhetorischer Trick aus, um den Antworter durch Schmeichelei einzuwickeln und zu sich herüberzuziehen.

So auch 487d7–e7 und andeutungsweise schon gegenüber Polos 475e7–476a3.

Ich erkenne an dir dreierlei, was zum Prüfen nötig ist: Du hast erstens »Wissen« (*epistéme*), bist mir zweitens »wohlgesonnen« und sagst drittens »offen« deine Meinung.

Viele sind nicht so wissend (*sophoí*), um als Prüfer geeignet zu sein.

487a5–b5 Andere sind zwar Wissende (*sophoí*), aber wollen mir nicht die Wahrheit sagen, weil sie mir nicht wohlgesonnen sind.

Gorgias und Polos haben zwar Wissen und sind mir wohlgesonnen, aber ihnen fehlt die Offenheit. Sie scheuten sich (offen zu sprechen) und nahmen es in Kauf, sich selbst zu »widersprechen«, und das vor der Schar der hier Anwesenden.

Verwunderlich ist, daß Sokrates einfach Polos' (461b3–462b2) und Kallikles' (482c4–d6) irrtümliche Behauptung, Gorgias habe sich gescheut, offen zu sprechen, übernimmt.

Verwunderlich ist auch die Sicherheit, mit der Sokrates behauptet, er habe Gorgias und Polos einen Widerspruch nachgewiesen, was weder auf Gorgias noch auf Polos zutrifft. Vgl. oben zu 482e5–483a8.

487b5–d7 Du giltst als gebildet und bist mir offensichtlich wohlgesonnen; denn wie ich weiß, bist du mit mehreren Freunden der Meinung, man dürfe das Philosophieren nicht übertreiben, weil man dadurch verdorben werde. Du rätst mir also dasselbe, was du deinen Freunden rätst, und willst ganz offen und ohne Scheu reden.

Schon Polos hatte seine Meinung offen gesagt, so offen, daß Sokrates ihn 467b11 mahnte, Beschimpfungen zu unterlassen.

Daraus ist klar: Wenn wir beide übereinstimmen, ist das ein 487d7–e7
Ergebnis, das keiner weiteren Prüfung bedarf. Damit ist unser Ziel, die »Wahrheit«, erreicht.

Daß Sokrates behauptet, die Zustimmung eines intelligenten und ihm wohlwollenden Menschen sei ein endgültiger Beweis für die Wahrheit, sieht (wie schon oben zu 486e5–6 gesagt) nach einem rhetorischen Trick aus. Der Antworter soll glauben, der Frager sei nicht nur anderer Meinung, sondern vertrete die objektive Wahrheit.

Kallikles' Frage (481c3) nach dem richtigen Leben

Die Untersuchung, bei der du mich tadelst, ist die wichtigste 487e7–488b1
von allen; denn sie gilt der Frage: Wie soll der Mann sein, d.h. womit soll er sich befassen, wie intensiv soll er das betreiben, in jungen Jahren und als reifer Mann?

Wenn meine Antwort falsch ist, geschieht das nicht vorsätzlich, sondern aus Unwissenheit, und du solltest mir genau erklären, womit ich mich befassen soll und wie ich dahin komme.

Bisher hatte Sokrates sich stets auf die Philosophie, wie er sie verstand, verlassen und damit, wie er glaubte, das absolute Wissen und die Wahrheit auf seiner Seite. Daß er es jetzt für möglich hält, Kallikles könne recht haben, ist eine unerwartete (ironische?) Konzession.

Und wenn ich dir jetzt zustimme, aber später mich nicht daran halte, kannst du sagen, es lohne sich nicht, mit mir zu reden.

Sokrates hätte dann sich selbst widersprochen.

Sollen die Stärkeren regieren und mehr haben?

Kallikles hatte diese Frage in seiner Rede angesprochen und 483d5–6 bejaht.

488b2–7 Deiner Meinung nach ist es gerecht und natürlich, daß der Stärkere Gewalt hat über die Schwächeren und der Bessere über die Schlechteren herrscht und der Höherstehende mehr hat als die Niederen (das einfache Volk)?

Kallikles: Ja, genau das sage ich.

488b8–d4 Sokrates: Du meinst auch die materielle Überlegenheit, wie die Macht größerer Städte über kleinere? Und all das ist für dich dieselbe Art von Überlegenheit?

Die Gleichsetzung der verschiedenen Arten bedeutet, daß in jeder Hinsicht »das Recht des Stärkeren« gilt.

Kallikles: Ja, das sage ich ganz offen.

Ist das Mehrheitsprinzip Natur oder Konvention?

488d5–489a7 Sokrates: Sind nicht »die Vielen« (die Volksversammlung) von Natur aus stärker (*kreittōn*); denn sie machen die Gesetze, und behaupten, daß Gleichheit gerecht ist?

Eine große politische Mehrheit ist immer stärker als einzelne Starke.

Die Vielen sind folglich auch die Besseren (*beltíones*)?

Daher sind auch die von ihnen beschlossenen Gesetze von Natur aus schön (= vernünftig und nützlich)?

Kallikles: Ja (488e6).

Kallikles muß zugeben, daß in der Volksversammlung immer die Mehrheit recht hat und die beschlossenen Gesetze als gut gelten und für jeden Bürger verbindlich sind.

Aber er könnte hinzufügen, Beschlüsse der Volksversammlung seien, wie die Erfahrung lehrt, nicht immer vernünftig und nützlich.

Sokrates: Die Vielen behaupten, wie du selbst gesagt hast, ge-

recht sei es, das Gleiche zu haben, und Unrechttun sei häßlicher als Unrechtleiden?
KALLIKLES: Ja, so denkt die Mehrheit (489a7).

Für Kallikles werden die Starken, deren Stärke dem Staat nützen kann, dadurch gehindert, ihre größere natürliche Begabung zur Geltung zu bringen.

SOKRATES: Folglich ist das Unrechttun nicht nur der »Konvention« nach häßlicher als das Unrechtleiden, sondern auch der »Natur« nach. 489a8–c9
Ebenso ist es nicht nur der Konvention nach gerecht, das Gleiche zu haben, sondern auch der Natur nach.
Also hattest du wohl nicht recht, mir vorzuwerfen, ich brächte wissentlich Konvention und Natur durcheinander.

Den Vorwurf »wissentlich« darf Sokrates zurückweisen. Aber Kallikles hat offensichtlich recht; denn daß in der Volksversammlung die Mehrheit entscheidet, ist eine Konvention. Sokrates darf also nicht behaupten, daß die Stimme der »Vielen« die Stimme der Natur ist.
In manchen antiken Demokratien galt übrigens die einschränkende Konvention, daß nur Bürger stimmberechtigt waren, die ein bestimmtes Einkommen nachweisen konnten. Damit wollte man verhindern, daß die Ärmeren (die große Mehrheit) durch zu weitgehende Umverteilung die Wirtschaft des Staates schädigen konnten.

KALLIKLES: Dieser Mensch hört nicht auf daherzuschwatzen!
Schämst du dich nicht, mich auf Worte festnageln zu wollen?
Selbstverständlich verstehe ich unter den »Stärkeren« die (intellektuell) »Besseren« (c2).
Oder glaubst du, ich meine die körperliche Stärke, wie sie ein zusammengelaufener Haufen von Sklaven und völlig unbedeutenden Menschen hat?
SOKRATES: Ich rätsle schon lange, was du mit »stärker« (*kreittōn*) meinst, und frage daher noch einmal. Du meinst jedenfalls nicht, daß zwei besser sind als einer? 489d1–e9

Also laß uns von vorne anfangen und sage mir, was du unter den »Besseren« (*beltíous*) verstehst, da du nicht die (der Zahl nach) Stärkeren meinst. Ich bitte um freundliche Belehrung.

KALLIKLES: Jetzt wirst du spöttisch (e1).

SOKRATES: Das warst du in deiner Rede auch. Aber sage, wer deiner Meinung nach die Besseren sind.

KALLIKLES: Ich meine die (intellektuell) Besseren (*ameínous*).

Schleiermacher übersetzt »die Edleren«, Dalfen »die Tüchtigeren«.

SOKRATES: Jetzt spielst du mit Worten. Du meinst die Klügeren (*phronimotérous* 489e8, »die mehr wissen«)?

KALLIKLES: Genau die meine ich.

Damit ist klar: Es geht um die Unterscheidung wissend/unwissend oder Fachmann/Laie.

490a1–8 SOKRATES: Ein Fachmann (*phronôn*) weiß also oft mehr als zehntausend Laien, und deswegen sollte er regieren und mehr haben als sie?

Sokrates hatte 488d5–489a7 konstatiert, daß »die Vielen« stärker sind und »schöne« Gesetze beschließen, und Kallikles hatte zugestimmt. Beide billigen also der Volksversammlung wenigstens grundsätzlich politischen Verstand zu. Aber wenn Sokrates jetzt fragt, ob das Regieren nur Wissenden, also Klügeren, zukommt, heißt das für ihn, wie nicht anders zu erwarten, in der Volksversammlung sollte sich immer die Meinung der Intelligenteren durchsetzen. Für Regierungsämter werden dann die intelligentesten Intelligenten gewählt. Daß er erkennbar damit politische Praktiker (und nicht Philosophen) meint, zeigt Kallikles' Zustimmung.

KALLIKLES: Eben das meine ich; denn das ist naturgemäß und gerecht.

Sokrates und Kallikles sind sich also darin einig, daß es begabtere und weniger begabte Menschen gibt und in der Demokratie die begabteren regieren sollten. Die Volksversammlung sollte diejenigen mit der Regierung beauftragen, die sie für sachver-

ständig hält und denen sie zutraut, sich nicht für spezielle Interessen, sondern für das Gemeinwohl einzusetzen.
Offen ist noch, was Kallikles mit »mehr haben« meint.

Was bedeutet »mehr haben«?

SOKRATES: Halt! Was heißt »mehr haben«? Muß ein Koch 490b1–491a6
mehr zu essen bekommen? Muß der beste Weber die schönsten Kleider tragen? Muß der beste Schuhmacher die größten Schuhe haben?

KALLIKLES: Geschwätz!

SOKRATES: Oder meinst du, ein kluger Bauer müßte mehr Saatgut (als nötig) für seinen Acker bekommen?

KALLIKLES: Du sagst immer wieder dasselbe und redest von Schuhmachern und Köchen.

Kallikles ist zu Recht verärgert, weil Sokrates Politiker mit Köchen, Schuhmachern und Bauern vergleicht und damit scheinbar vom Thema ablenken will. Er hält Sokrates' scherzhaft unsinnige Deutung des »mehr haben« für albern.

SOKRATES: Dann sage du, was du meinst!

Damit läßt Sokrates seine Frage nach dem »mehr haben« fallen und kommt zum Thema zurück.

KALLIKLES: Ich meine kluge (*phrónimoi*) und mutige (*andreîoi*) 491a7–d3
Politiker, die etwas von Staatsverwaltung verstehen und ihre Pläne auch durchsetzen können.

SOKRATES: Jetzt wirfst du mir vor, immer dasselbe zu sagen, und ich dir, immer neue Eigenschaften einzuführen, zuletzt (489e9) die Klügeren (*phronimotérous* c2) und nun die Mutigeren (*andreióteroi* c3).
So sage abschließend, wer deiner Meinung nach die Besseren (*beltíous*) und Stärkeren (*kreittous*) sind und in welcher Hinsicht!

KALLIKLES: Ich kann nur wiederholen: Es sind die klugen und mutigen Politiker; denn ihnen kommt es zu, den Staat zu regieren, und es ist gerecht, daß sie als Regierende mehr haben als die Regierten.

Kallikles versteht unter »mehr haben«, daß nur sie regieren dürfen und dabei darauf achten, nicht zu kurz zu kommen.

Der Charakter der Politiker

491d4–e4 SOKRATES: Müssen sie auch »über sich selbst herrschen«, d.h. besonnen (*sōphrōn* d10) sein und über ihre Lüste und Begierden herrschen?

Sokrates erwartet von Politikern, daß sie absolut selbstlos sind und nur an das Gemeinwohl denken und nicht »mehr haben« wollen.

KALLIKLES: Du bist gut. Die Dummen (*ēlithíous*) hältst du für besonnen?

SOKRATES: Selbstverständlich nicht. Das merkt doch jeder.

Für Sokrates sollten Politiker so intelligent sein, um zu wissen, daß sie nicht zum eigenen, sondern zum Nutzen des Volkes regieren.

Kann ein Dienender glücklich sein?

491e5–492b1 KALLIKLES *(ironisch)*: Ganz gewiß; denn wie kann ein Mensch anderen dienend (*douleúōn*) glücklich sein?

Nach Kallikles können Politiker, die sich als Diener (*doulos* heißt auch Sklave) des Volkes betrachten, nicht glücklich sein.

Ich sage ganz offen: Es entspricht der Natur und ist schön und gerecht und ein richtiges Leben, seine Begierden nicht zu zügeln, sondern mit Mut (*andreía*) und Klugheit (*phrónesis*) zu befriedigen (491e6–492a3).

Kallikles kann nicht im Ernst meinen, starke Politiker sollten ihre Macht schamlos zum eigenen privaten Vorteil ausnutzen; denn das würde in der Demokratie nicht lange gutgehen. Aber im Eifer des Gefechts vergißt er, daß Athen eine Demokratie ist und er nicht den Eindruck erwecken darf, er wolle Tyrann werden.

Die Schwachen (492a3) wollen nicht zugeben, daß sie schwach sind, und erklären deswegen die Zügellosigkeit für häßlich (*ais-*

chrón 492a5) und loben die Besonnenheit (*sōphrosýne* a8) und die (arithmetische/nivellierende) Gerechtigkeit (= Gleichheit).

Die Schwachen sind die Mehrheit und machen die arithmetische Gerechtigkeit und Gleichheit zum Gesetz.

Die Starken sind natürlich für die geometrische/distributive Gerechtigkeit (= Anerkennung der Ungleichheit).

Kann grenzenlose Macht glücklich machen?

Für einen Tyrannen (492b3) oder ähnlich mächtigen Herr- 492b1–c8
scher, der sich alles erlauben kann, wäre doch nichts häßlicher (*aíschion*) und schlechter (*kákion*) als Besonnenheit und Gerechtigkeit, d.h. sich um Gesetze und Meinungen und Tadel der Vielen zu kümmern und Freunden (c2) nicht Vorteile zu verschaffen.

Vor der Volksversammlung hätte Kallikles nicht so reden dürfen, ohne in Verdacht zu geraten, er wolle Tyrann werden, was ihm wahrscheinlich die Verbannung (Ostrakismus) oder gar die Todesstrafe eingetragen hätte.

Die Wahrheit, der du nachzujagen behauptest, ist (für die meisten Menschen) luxuriöses Leben, Zügellosigkeit und (grenzenlose) Freiheit, wenn man die Macht dazu hat.

Nach Kallikles steckt in jedem Menschen ein potentieller Tyrann, d.h. der Wunsch nach grenzenloser Macht.

Das ist Tüchtigkeit (*areté*) und Glück (*eudaimonía*). Alles andere sind nur schöne Reden, naturwidrige Vereinbarungen der Menschen, wertloses Geschwätz.

Auch das hätte Kallikles nicht vor der Volksversammlung sagen können, ohne mit einer Anklage rechnen zu müssen.

SOKRATES: Deine Offenheit ist ehrenwert; denn du sprichst 492d1–
klar aus, was die anderen denken, aber nicht sagen wollen. 493d4

Die damaligen Griechen wünschten sich zwar keinen Tyrannen, aber viele dachten, es wäre schön, selbst Tyrann zu sein, weil man sich dann alles erlauben und sich alle Wünsche erfüllen könnte und daher absolut glücklich wäre.

Was macht glücklich, die Erfüllung aller Wünsche oder die absolute Bedürfnislosigkeit?

Laß nicht nach und hilf mir, die Frage »Was ist das gute Leben?« klar zu beantworten (492d5).
Wenn man alle seine Begierden befriedigen kann, ist das die Tugend/Tüchtigkeit (*areté* 492e1)?
KALLIKLES: Ja, das behaupte ich.

> Kallikles kann mit »Ja« antworten, weil er bei *areté* nur an praktische Tüchtigkeit denkt, während Sokrates darunter vor allem Tugend, d.h. »ethische Tüchtigkeit«, versteht. Wenn Kallikles an die ethische Tüchtigkeit gedacht hätte, wäre seine Antwort natürlich »Nein« gewesen.

SOKRATES: Die Meinung, wer keine Bedürfnisse habe, sei glücklich, ist also falsch (e3–4)?

> Sokrates selbst (anders als manchmal gesagt wird) war als Hausbesitzer und Familienvater kein Vertreter der absoluten Bedürfnislosigkeit. Wahrscheinlich gab es längst vor ihm und dem berühmten Diogenes (ca. 410–323), der wie ein Hund in einem Faß wohnte, die Meinung, der einfachste Weg zum Glücklichsein sei der völlige Verzicht auf irgendwelche Wünsche.

KALLIKLES: Ja, sonst wären Steine und Tote am glücklichsten.

Alle Begierden befriedigen zu wollen macht nicht glücklich.

SOKRATES: Aber das Leben, das du meinst, ist doch sehr schwierig (*deinós* e7). Vielleicht hat Euripides recht und unser Leben ist nur Einbildung oder, wie jemand anders gesagt hat, unser Körper (*sōma*) ist unser Grab (*sēma*).
Oder wie es bei einem Mythologen aus Sizilien oder Italien heißt, der begehrende und unvernünftige Teil unserer Seele sei ein leckes Faß (*pithos*). Die Unersättlichkeit (*aplestía* 493b3) ist doch so, als ob man als Strafe in der Unterwelt (wie die Danaiden) mit einem Sieb Wasser in ein leckes Faß schöpfen muß.

Die Danaiden (Töchter des Danaos) hatten die ihnen aufgezwungenen Ehemänner in der Hochzeitsnacht ermordet.

Das ist doch irgendwie unsinnig (*átopa* c4). Es zeigt aber, wozu ich dich überreden möchte, nämlich nicht das unersättliche und ungezügelte Leben zu wählen, sondern das geordnete und genügsame Leben.

Kann ich dich überzeugen, deine Meinung zu ändern, oder rede ich mir das nur ein (*mythologô* d3)?

KALLIKLES: Das zweite ist zutreffender.

SOKRATES: Ein anderer Vergleich zwischen einem besonnenen und einem zügellosen Leben: Von zwei Menschen sind bei einem die Vorratsgefäße (*pithoi*) abgedichtet und gut gefüllt. 493d5–494b2

Der Besitzer ist sparsam und macht sich keine Sorgen.

Die Gefäße des anderen sind undicht und eher leer, weswegen der Besitzer ständig mühsam für Nachschub sorgen muß.

Willst du nun immer noch sagen, das Leben des Zügellosen sei glücklicher als das des Besonnenen (*kósmios* 494a3, »geordnet«)?

Kann ich dich überreden zuzugeben, daß das geordnete Leben besser ist als das zügellose?

KALLIKLES: Nein, denn wer mit dem Vorhandenen zufrieden ist, kennt keine Lust, sondern verhält sich, wie gesagt, wie ein Stein, der weder Lust noch Schmerz empfindet. Mit Lust leben heißt größten Überfluß haben.

SOKRATES: Keineswegs ist das so. Das ist doch das Leben eines 494b3–c3
Vogels (der gleichzeitig frißt und ausscheidet) und nicht eines Toten oder Steines.

Und sage mir: Ist das wie »Hunger« und gleichzeitiges »Essen« und entsprechend bei »Durst« und »Trinken«?

Das wäre Gleichzeitigkeit von Schmerz und Lust, d.h. es gäbe Lust, die zugleich Schmerz ist.

Sokrates will Kallikles dazu verleiten, Gleichzeitigkeit als Identität zu verstehen, um ihm 496e9–497a5 zeigen zu können, es handle sich um einen kontradiktorischen Gegensatz, also nicht um Identität.

KALLIKLES: Ja, aber alle Begierden zu haben und lustvoll (*chairōn*) befriedigen zu können, das ist ein glückliches Leben.

Es gibt schlechte Lust.

494c4–d8 SOKRATES: Fahre ohne Scheu fort, aber auch ich sollte das tun. Wenn jemand eine juckende Stelle fortwährend kratzt (und das Kratzen als angenehm empfindet), ist das ein glückliches Leben?

KALLIKLES: Was soll das? Das ist doch abwegig und plumpe Demagogie.

SOKRATES: Ich habe doch (wie du 482c5–7 behauptet hast) Polos und Gorgias erschreckt, so daß sie sich scheuten (zu sagen, was sie dachten), du aber bist weder erschrocken noch scheust du dich (zu sagen, was du denkst); denn du bist mutig. Antworte einfach!

Ein rhetorischer Trick, um Kallikles ein klares »Ja« zu entlocken?

KALLIKLES: Ich gebe also zu: Wer sich kratzt, hat (während dieser Zeit) ein lustvolles Leben.

SOKRATES: Wenn lustvoll, dann glücklich.

KALLIKLES: Ja.

Kallikles hätte sein »Ja« einschränken können; denn das Kratzen kann zwar das Jucken lindern, aber niemand wünscht sich ein Jucken, um sich kratzen zu können und sich dadurch Lust zu verschaffen.

494e1–495a6 SOKRATES: Gibt es nicht ein schlimmes (*deinós*), schändliches und elendes Leben, wie z.B. das der Homosexuellen (*kínaidoi*)?

Damit nennt Sokrates ein krasseres Beispiel für schlechte Lust, auf das Kallikles entsprechend heftiger reagiert. Homosexualität war im antiken Griechenland offensichtlich nicht so verbreitet und akzeptiert, wie heute oft angenommen wird.

KALLIKLES: Schämst du dich nicht, von so etwas zu reden (494e7–8)?

Kallikles findet, über eine so widerwärtige Sache sollte man besser gar nicht reden. Aber Sokrates hat mit Absicht dies krassere

Beispiel gewählt, damit Kallikles offen zugibt, daß Lust schlecht sein kann.

Sokrates: Nicht ich komme darauf, sondern jemand (wie du), der gute und schlechte Lust nicht unterscheidet und sagt, Lust sei immer gut.

Muß man nicht gute und schlechte Lust unterscheiden?

Kallikles war bisher davon ausgegangen, daß Menschen die Lust, die sie empfinden, immer für (subjektiv) gut halten. Er hatte dabei nicht daran gedacht, daß es Lust gibt, die er selbst für schlecht hält. Er könnte also schon hier wie 499b7–8 sagen: »Selbstverständlich gibt es auch schlechte Lust, das weiß doch jeder.« Doch er glaubt, sein uneingeschränktes Lob der (subjektiven) Lust nicht widerstandslos zurücknehmen zu müssen.

Kallikles: Um bei meiner Meinung zu bleiben, sage ich, daß Lust immer gut ist (495a5–6).

Kallikles könnte antworten, alle Lust für gut zu halten entspreche der Natur des Menschen, während die Unterscheidung zwischen guter und schlechter Lust auf Konvention beruhe. Dann müßte er allerdings auch eingestehen, daß seine Verachtung der *kínaidoi* nicht auf Natur, sondern auf Konvention beruht.

Sokrates: Du würdest dir widersprechen, wenn du nicht bei 495a7–c2
deiner Meinung bleibst. Du könntest dann nicht mit mir prüfen, was da das Zutreffende (*ta onta*, »das Seiende«) ist.

Wenn Kallikles zunächst jede subjektive Lust für gut hält, dann aber zugesteht, daß es schlechte Lust gibt, korrigiert er einen Irrtum. Nur weil er bereit ist, an seiner früheren Meinung festzuhalten, glaubt Sokrates, ihm einen Widerspruch nachweisen zu können.

Kallikles: Ich bin sehr dafür (weiterzureden).

Kallikles hält es also für sinnvoll zu prüfen, ob und wieweit die subjektive Lust der Starken als natürlich zu tolerieren ist.

Heute könnte er sagen, es gehe um die Frage, wie liberal die Wirtschaftsordnung des Staates sein darf.

Erster Beweisversuch: Lust und das Gute sind nicht identisch.

Sokrates will für die unbestreitbare Tatsache, daß man von guter und schlechter Lust sprechen darf, eine theoretische Begründung liefern. Kallikles spielt mit, erklärt aber am Ende (499b7–8), der Beweis sei völlig überflüssig, weil jeder ohnehin wisse, daß es gute und schlechte Lust gibt.

495c3–e2 SOKRATES: Wissen (*epistéme*) und Mut (*andreía*) sind verschieden? Auch Lust (*hedoné*) und Wissen sind verschieden, ebenso Mut und Lust?

Kallikles soll zugeben, daß es sich bei den Kombinationen Mut/Wissen oder Lust/Wissen oder Mut/Lust nicht um kontradiktorische Gegensätze, also nicht um Widersprüche handelt.

KALLIKLES: Ja.

SOKRATES: Du hast gesagt, Lust und das Gute seien identisch (d3–4), aber Wissen und Mut seien voneinander und vom Guten verschieden?

KALLIKLES: Ja. Du stimmst da nicht zu? Oder stimmst du zu?

Kallikles läßt sich durch die harmlose Kombination Wissen/Mut verleiten zuzustimmen. Er merkt nicht, daß er »identisch« als unzulässige Unterstellung zurückweisen müßte; denn er hat nur behauptet, daß Menschen die Lust, die sie empfinden, immer für gut halten.

SOKRATES: Nein, ich stimme nicht zu, und ich glaube, auch du nicht, wenn du dich genau prüfst.

Damit sind die Fronten klar: Für Kallikles sind Lust und das (relative = subjektive) Gute miteinander vereinbar, für Sokrates sind Lust und das (absolute = objektive) Gute kontradiktorische Gegensätze.

495e2–496b7 Sich gut befinden (*eu echein*) und sich schlecht befinden (*kakôs echein*) sind einander (kontradiktorisch) entgegengesetzt?

KALLIKLES: Ja.

SOKRATES: Wenn das ein (kontradiktorischer) Gegensatz ist, verhalten sich die beiden (Befindlichkeiten) zwangsläufig

wie der (kontradiktorische) Gegensatz Gesundheit/Krankheit?
Denn der Mensch kann nicht gleichzeitig gesund und krank sein und ebensowenig gleichzeitig erkranken und gesunden.

Das klare »entweder/oder« (*tertium non datur*) beim kontradiktorischen Gegensatz ist Logik. Doch es gilt nur, wenn man sich »in der derselben Hinsicht« hinzudenkt.

KALLIKLES: Ja.

SOKRATES: Gegensätze wie »Krankheit/Gesundheit« der Augen oder wie »Stärke/Schwäche«, »Schnelligkeit/Langsamkeit«, »gut/schlecht« oder »Glück/Elend« schließen einander aus?

Das sind der Form nach kontradiktorische Gegensätze, aber die reale Welt ist nicht kontradiktorisch. Wenn jemand eine Augenkrankheit hat, kann er im übrigen gesund sein. Da kann jemand stark sein, aber zu schwach, um Bäume auszureißen, oder gute Augen und zugleich schlechte Zähne haben. Da kann jemand schwer verletzt sein, aber von Glück sprechen, weil er noch lebt.

KALLIKLES: Selbstverständlich (496b7).

Kallikles akzeptiert die Logik (kontradiktorische Gegensätze), hätte aber »in derselben Hinsicht« hinzufügen müssen.

SOKRATES: Wenn wir nun etwas finden, das ein Mensch 496c1–5
gleichzeitig verliert und hat, kann es nicht gleichzeitig gut und schlecht sein?

Wenn dies »etwas« gleichzeitig gut und schlecht sein könnte, wäre das ein kontradiktorischer Gegensatz. Wer das behauptet, würde sich widersprechen, also einen logischen Fehler begehen.

KALLIKLES: Ja, da bin ich ganz deiner Meinung.

Kallikles stimmt zu, weil er überzeugt ist, keinen logischen Fehler begangen zu haben, und merkt nicht, daß Sokrates dabei ist, aus seiner Zustimmung zur Gleichzeitigkeit von Lust und Schmerz einen Widerspruch zu konstruieren.

SOKRATES: Wir waren (494b7–c2) übereingekommen, daß 496c6–d3
man gleichzeitig Schmerz und Lust empfinden kann.
Wenn ein Hungriger ißt oder ein Durstiger trinkt, ist das Gleichzeitigkeit von Schmerz und Lust?

KALLIKLES: Ja, sehr (d3).

496d3–e4 SOKRATES: Jeder Mangel und jede Begierde (wie Durst) ist schmerzhaft?

KALLIKLES: Ja. Das brauchst du nicht zu fragen.

SOKRATES: Wenn ein Durstiger trinkt, ist das Lust?

Aber Durst ist Schmerz?

Trinken ist also Beseitigung eines Mangels und ist Lust?

Trinken ist also gleichzeitig Lust und Schmerz?

KALLIKLES: Ja.

Folgerung

496e4–9 SOKRATES: Merkst du, was daraus folgt? Man kann Schmerz und Lust nach Ort und Zeit, ob nun an Seele oder Körper, zugleich empfinden? Ich sehe da keinen Unterschied. Ist das so oder nicht so?

KALLIKLES: Es ist so.

496e9–497a5 SOKRATES: Aber du sagst (495e2–5), es sei unmöglich, sich gleichzeitig gut und schlecht zu befinden?

KALLIKLES: Das sage ich.

Kallikles merkt immer noch nicht, daß Sokrates aus der Gleichzeitigkeit einen kontradiktorischen Gegensatz herauslesen will.

SOKRATES: Du hast (andererseits) zugegeben, Schmerz könne (gleichzeitig) Lust sein?

KALLIKLES: So scheint es.

Kallikles vermeidet ein klares »Ja«, was darauf schließen läßt, daß er spürt, in eine Falle geraten zu sein.

SOKRATES: Lust ist also nicht Sich-gut-Befinden, Schmerz ist nicht Sich-schlecht-Befinden.

Damit überträgt Sokrates das logische »entweder/oder« von »gut/schlecht« auf seine Unterscheidung »Lust/Schmerz«, der Kallikles 496d3 zugestimmt hatte.

Folglich sind die Lust und das Gute nicht identisch.

Sokrates scheint diesen (fragwürdigen) formalen Beweis für zwingender zu halten als die Erfahrung; denn schon 494c6–e6 hatte er Beispiele für schlechte Lust genannt, so daß Kallikles bereit war, seine These, Lust sei immer gut, aufzugeben. Nur weil Sokrates ihn aufforderte, daran festzuhalten, ließ er sich auf diesen Beweisversuch ein.

KALLIKLES: Ich weiß nicht, was du da herausklügelst (*sophízei* 497a6). 497a6–b3

Kallikles hat anscheinend nicht ganz folgen können, aber er hält den Beweis für ein bei Streitgesprächen übliches sophistisches Spiel mit Begriffen, mit dem gewitzte Frager ihre Antworter in Widersprüche zu verwickeln suchten.

Er hätte einwenden können: Du verwechselst Identität und Gleichzeitigkeit. Man kann, wie du selbst sagst, gleichzeitig Lust und Schmerz empfinden, aber trotzdem handelt es sich um verschiedene Empfindungen und Begriffe.

SOKRATES: Du verstehst es, willst es nur nicht zugeben. Erinnere dich an das vorher von dir Zugegebene, damit du siehst, wie weise (*sophós*) du bist, wenn du mich tadelst.

Sokrates hatte 494c6–e6 schon Beispiele für schlechte Lust genannt und bedenkt nicht, daß sein anschließender formaler Beweis auf jeden Realisten als überflüssig und irgendwie seltsam und verdächtig wirken muß.

KALLIKLES: Ich weiß nicht, was du da redest.

Das ist, wie Gorgias' Eingreifen zeigt, eine übliche Formulierung, wenn jemand ein Gespräch abbrechen will. Kallikles wiederholt sie 498d1 und 505c1.

Gorgias greift ein.

GORGIAS: Nicht so, Kallikles, sondern antworte, auch unsertwegen, damit die Diskussion weitergeht. 497b4–c2

KALLIKLES: Doch Sokrates fragt immer banales Zeug bei seinem Versuch, mir einen Widerspruch nachzuweisen.

GORGIAS: Wieso stört dich das? Der Vorwurf trifft doch nur ihn. Laß ihn nur Widersprüche suchen, wie er will.

Gorgias scheint hören zu wollen, wie Sokrates etwas Selbstverständliches, nämlich daß Lust und das Gute nicht identisch sind, weiter beweisen will. Was er bisher von Sokrates gehört hat, konnte den erfahrenen Redner, der natürlich alle rhetorischen Tricks kennt, kaum sehr beeindrucken.

Kallikles: So frage denn dein banales Zeug, weil Gorgias es wünscht.

Kann man durch einfache Beispiele zum Kern des Problems kommen?

497c3–4 Sokrates: Du bist glücklich zu preisen, weil du gleich zum Großen statt vorher zum Kleinen kommen willst; ich halte das für falsch.

Sokrates hält es zu Recht für eine gute wissenschaftliche Methode, sich den Kern eines begrifflich komplizierten Sachverhalts vorweg durch einfache Vergleiche (Schuhmacher, Koch) klarzumachen. Das ist keine unzulässige Vereinfachung, wie Kritiker, die das Problem nicht verstanden haben, gern sagen. Komplizierte Probleme können nicht durch komplizierte Theorien gelöst werden, sondern am Ende nur durch einfache Entscheidungen.

Zweiter Beweisversuch: Lust und das Gute sind nicht identisch.

Dieser zweite Beweisgang (497e1–499b3) ist wieder ein Versuch, auf Umwegen zu dem eigentlich selbstverständlichen (vgl. 494e1–495a6) Ergebnis zu kommen, daß es nicht nur gute, sondern auch schlechte Lust gibt.

Wenn es nur gute Lust gibt, ist zwangsläufig auch die Lust, die ein erfolgreicher Verbrecher empfindet, gut. Sie kann dann sogar in höherem Grade gut sein kann als die Lust gesetzestreuer Menschen.

497c5–498d1 Beantworte also meine Frage, die ich gestellt hatte, als du nicht weiter antworten wolltest.

Enden bei jedem von uns Durst und Lust gleichzeitig?

Diese Frage hatte Sokrates noch nicht gestellt, aber sie ist wahrscheinlich die nächste, die er gestellt hätte, wenn Kallikles sich nicht geweigert hätte zu antworten.

Stimmst du zu?

KALLIKLES: Ja. Doch was folgt daraus?

SOKRATES: (Daraus folgt,) daß das Gute und die Lust nicht identisch sind und ebensowenig das Schlechte und der Schmerz.

Wenn du willst, betrachte es so; denn ich glaube, auch da werde ich nicht deiner Meinung sein. Sieh also genau hin!

Du nennst die guten Menschen gut, weil an ihnen Gutes ist, so wie die Schönen schön sind, weil an ihnen Schönheit ist?

KALLIKLES: Ja (497e3).

SOKRATES: Würdest du gute Männer dumm und feige nennen? Vorhin (491b1–4) hast du sie mutig und klug genannt. Du hast doch die guten Männer so genannt?

KALLIKLES: Ja, so ist es (497e6).

SOKRATES: Weiter. Hast du schon ein unverständiges Kind gesehen, das froh war (= das Lust empfand)?

KALLIKLES: Ja.

Kallikles könnte fragen, was die abwegige Frage soll.

SOKRATES: Einen unvernünftigen Mann, der froh war, hast du noch nicht gesehen?

KALLIKLES: Ich denke, doch. Aber was soll die Frage?

SOKRATES: Nichts, aber antworte (498a1)!

Das scheint ein rhetorischer Trick sein, um dem Antworter durch eine harmlos klingende Frage ein »Ja« zu entlocken, damit er bei späteren, weniger harmlosen Fragen leichter zustimmt.

KALLIKLES: Ja, ich habe ihn gesehen.

SOKRATES: Auch einen vernünftigen, der Schmerz und Lust empfand?

KALLIKLES: Ja.

SOKRATES: Wer empfindet »größere« Lust und Schmerz, die Klugen (*phrónimoi*) oder die Dummen (*áphrones*)?

KALLIKLES: Ich glaube, da gibt es keinen großen Unterschied (a4–5).

Kallikles könnte bei dem überraschenden Komparativ mißtrauisch werden, hält ihn aber für harmlos und fragt nicht, warum Sokrates den Komparativ, eine anscheinend abwegige Komplikation, einführt.

SOKRATES: Das genügt. Hast du im Krieg schon einen Feigling gesehen?

KALLIKLES: Wieso nicht?

SOKRATES: Wer schien dir beim Abzug der Feinde »froher« zu sein (= mehr Lust zu empfinden), die Feigen oder die Mutigen?

Wieder der seltsame Komparativ.

KALLIKLES: Beide, oder jedenfalls in ähnlicher Weise (a8–b1).

SOKRATES: Es kommt nicht darauf an. Also auch die Feigen sind froh?

KALLIKLES: Ja, sehr.

SOKRATES: Anscheinend auch die Dummen.

KALLIKLES: Ja.

SOKRATES: Wenn Feinde heranziehen, empfinden dann nur die Feigen Schmerz (= sind besorgt) oder auch die Mutigen?

KALLIKLES: Beide (b4–5).

SOKRATES: In gleicher Weise?

KALLIKLES: Mehr vielleicht die Feigen (b5–6).

Damit macht Kallikles sich den Komparativ zu eigen, was er besser nicht getan hätte. Er hätte statt dessen fragen müssen, was der Komparativ bedeutet.

SOKRATES: Wenn die Feinde abziehen, sind die Feigen dann nicht »froher«?

KALLIKLES: Vielleicht.

SOKRATES: Also Schmerz und Lust empfinden Dumme und Kluge und Feige und Mutige etwa gleich, wie du sagst, die Feigen aber »mehr« als die Mutigen?

KALLIKLES: Ja (c2).

SOKRATES: Aber die Klugen und die Mutigen sind gut, die Feigen und die Dummen sind schlecht?

KALLIKLES: Ja.
SOKRATES: Also etwa gleich empfinden die Guten und die Schlechten Lust und Schmerz?
KALLIKLES: Ja, das sage ich (c5).
SOKRATES: Also etwa gleich gut bzw. schlecht sind die Guten und die Schlechten? Oder die Guten sind in »höherem« Grad gut und die Schlechten in »höherem« Grad schlecht?
KALLIKLES: Bei Zeus, ich weiß nicht, was du da redest (d1).

Kallikles scheint zu vermuten, daß Sokrates beabsichtigt, ihm aus dem Komparativ einen Strick zu drehen, d.h, einen Widerspruch nachzuweisen.

SOKRATES: Erinnerst du dich nicht an 497e1–2, nämlich daß 498d2–e9
die Guten gut sind, weil an ihnen Gutes ist, und die Schlechten schlecht sind, weil an ihnen Schlechtes ist?
Und daß die Lust gut und der Schmerz schlecht ist?
KALLIKLES: Das weiß ich.
SOKRATES: Wer Lust empfindet, an dem ist also das Gute?
KALLIKLES: Wieso nicht?
SOKRATES: Wer Lust empfindet, ist also gut?
KALLIKLES: So ist es (d8).

Hier hätte Kallikles, statt einfach zuzustimmen, zwischen »ist gut« und »an ihm ist Gutes« unterscheiden müssen. Jemand, der gut reden kann, muß kein guter Mensch sein.

SOKRATES: Wer Schmerz empfindet, an dem ist Schlechtes, nämlich Schmerzen?
KALLIKLES: Ja, an dem ist Schlechtes.
SOKRATES: Du sagst, die Schlechten sind schlecht, weil Schlechtes an ihnen ist. Oder sagst du das nicht?
KALLIKLES: Das sage ich (e2).

Kallikles hatte 497e3 zugestimmt, was ein Fehler war, wie sich jetzt herausstellt.

SOKRATES: Gut ist also, wer Lust empfindet, schlecht ist, wer Schmerzen hat.
KALLIKLES: Gewiß.

Kallikles hätte »Nein« sagen sollen; denn ihm müßte hier eigentlich einfallen, daß er 494e7–8 behauptet hatte, wer wie die *kínaidoi* schlechte Lust empfinde, könne kein guter Mensch sein, sondern sei zu verabscheuen.

SOKRATES: Die einen »mehr«, die anderen »weniger«, die Dritten etwa gleich.

KALLIKLES: Ja (e5).

Das ist der von Sokrates 498a3–4 eingeführte und danach mehrfach wiederholte überraschende Komparativ, den Kallikles b5–6 arglos übernommen hatte.

SOKRATES: Du sagst also, daß die Klugen und die Dummen und die Feigen und Mutigen etwa gleich viel Lust und Schmerz empfinden oder die Feigen sogar »mehr«.

Damit wird der scheinbar nebensächliche Komparativ zur Falle, die Sokrates nun zuschnappen lassen könnte.

KALLIKLES: Ja, das sage ich (e9).

Kallikles merkt nicht, daß er dabei ist, mit den Feigen auch Verbrechern wie Archelaos gute Lust zuzugestehen und damit zu sagen, daß an ihnen nicht nur Gutes ist und sie selbst gut und sogar »besser« sind als mutige und gesetzestreue Bürger.

498e10–499b3 SOKRATES: Fasse mit mir zusammen (*syllógisai*), was aus dem, worin wir uns einig sind, folgt; denn nach einem Sprichwort ist es schön, das Schöne zwei- und dreimal zu sagen und zu prüfen.

Wir sagen, der Kluge und Mutige sei gut und der Dumme und Feige sei schlecht?

KALLIKLES: Ja.

SOKRATES: Der Frohe ist gut, der Betrübte ist schlecht?

KALLIKLES: Zwangsläufig (499a5).

SOKRATES: Der Gute und der Schlechte sind gleichfroh bzw. gleichbetrübt. Vielleicht ist der Schlechte es »mehr«.

Das ist sehr knapp formuliert. Gemeint ist, daß beide Lust und Schmerz empfinden können. Wenn der Schlechte Lust empfindet und Lust immer gut ist, ist auch der Schlechte gut und vielleicht in höherem Grade gut als der Gute.

KALLIKLES: Ja.

SOKRATES: Wird also der Schlechte gleichgut wie der Gute sein oder sogar in »höherem« Grade gut?
Folgt nicht dies und das Vorhergehende, wenn jemand (wie du) sagt, Lust und das Gute seien dasselbe?
KALLIKLES: Ich habe dein Spiel mitgemacht, aber jeder weiß 499b4–e5
doch, daß es »gute« und »schlechte« Lust gibt.

Kallikles platzt der Kragen, weil ihm klar wird, daß Sokrates den seltsamen Komparativ benutzt, um zu zeigen, aus der ihm fälschlich unterstellten These, die Lust und das Gute seien identisch, ergebe sich, daß ein Verbrecher wie Archelaos »besser« sei als ehrbare Menschen.

SOKRATES: Ich bin enttäuscht, weil du schon wieder deine Meinung geändert hast. Es gibt anscheinend, wie du sagst, gute und schlechte Lust. Die gute ist »nützlich«, die schlechte ist »schädlich«? Ebenso gibt es guten und schlechten Schmerz? Man muß immer die gute Form wählen und zu erreichen suchen?

Da Kallikles den Trick mit dem Komparativ anscheinend durchschaut, verzichtet Sokrates darauf, die seit 498a3 (*mãllon*) vorbereitete Falle explizit zuschnappen zu lassen, und lenkt zugleich davon ab, daß es ihm eigentlich peinlich sein müßte, so viel theoretische Mühe aufgewendet zu haben, um etwas Selbstverständliches zu beweisen. Er hätte schon 495a7 an Archelaos erinnern und gezielt fragen können, ob Kallikles nicht auch gute und schlechte Lust unterscheide.

KALLIKLES: Offensichtlich (499e5).

Man muß Mittel und Zweck (Ziel) unterscheiden.

Vgl. das »dazwischen« bei Polos (467e1–468a4).

SOKRATES: Bist du – wie ich und Polos – der Meinung, daß 499e6–
alles Handeln das Gute zum Ziel hat? 500a6

Sokrates denkt wie immer an das theoretische absolute Gute und vergißt, daß die Menschen wegen ihres begrenzten Wissens nur relativ Gutes wollen können. Einige Menschen verstehen darunter das Gemeinwohl, die meisten das, was für sie selbst gut ist, und manche wie Archelaos sogar das, was für sie selbst ihrer Meinung nach gut, aber für andere sehr schlecht ist.

Und muß alles andere getan werden, um dies Ziel zu erreichen?

Die Mittel müssen geeignet sein, das Ziel zu erreichen, also in diesem Sinne gut sein.

Ob der Zweck die Mittel heiligt, ist eine andere Frage.

Und nicht umgekehrt dies Ziel wegen des anderen?

Diese Umkehrung ist eine rhetorisch naheliegende Zusatzfrage, um für die eigentliche Frage auf jeden Fall ein »Ja« als Antwort zu erhalten. Die Umkehrung ist nicht unsinnig; denn ein Händler kann bekanntlich einen sehr hohen Preis fordern, um bei der Hälfte immer noch auf seine Kosten zu kommen.

Gorgias kennt natürlich auch diesen Trick und denkt sich vermutlich sein Teil.

Kallikles: Ja (500a2).

Ist das Ziel die Lust oder das Gute?

Nachdem Kallikles und Sokrates sich einig sind, daß Lust und das Gute nicht identisch sein können, weil es schlechte Lust gibt, muß geklärt werden, wann die Lust gut und wann sie schlecht ist.

Während es zuletzt um die Frage ging, was Mittel und was Ziel ist, wird jetzt nach dem Ziel gefragt, nämlich ob die Lust (so Kallikles) oder das Gute (so Sokrates) das Ziel ist.

Sokrates: Und wegen des Guten muß man alles und das Lustvolle (*hedéa* = *hedoné*) tun und nicht umgekehrt das Gute wegen der Lust (500a2–3)?

Danach hat alles Tun – ob Schmerz oder Lust bereitend – das subjektive Gute als Ziel. Der eine findet es gut, wenig zu essen, weil er schlank bleiben möchte, der andere findet es gut, viel zu essen, weil ihm das Essen so gut schmeckt.

Die abgelehnte Umkehrung klingt wie eine rhetorische Verzierung, aber sie ist nicht unrealistisch. So hatte z. B. der sprichwörtliche barmherzige Samariter eine gute Tat vollbracht und konnte sich darüber freuen.

KALLIKLES: Ja.

Nur ein Fachmann weiß, was gute und was schlechte Lust ist.

SOKRATES: Aber nicht jeder kann gute und schlechte Lust unterscheiden, sondern nur ein Fachmann (*technikós* 500a6).

KALLIKLES: Ja, ein Fachmann (500a6).

Ein Arzt kann gute und schlechte Lust unterscheiden und kann z.B. sagen, daß Sport gute, aber zu viel essen schlechte Lust ist.

SOKRATES: Ich hatte zu Polos und Gorgias gesagt, daß manche 500a7–b5
Tätigkeiten nur Lust erzeugen, andere Tätigkeiten aber gut und schlecht unterscheiden (und das Gute als Ziel haben). Als Beispiele hatte ich Koch und Arzt genannt (vgl. 463a5–c7 und 465c3–e1).

Was ist ein gutes Leben, das des Politikers oder das des Philosophen?

Es geht um die für den Menschen wichtigste Frage, nämlich: 500b5–d5
»Wie soll man leben« (c3–4)?

Mit der Frage nach dem richtigen Leben eröffnete Kallikles sein Gespräch mit Sokrates.

Als »Politiker und Redner« in der Volksversammlung oder zurückgezogen als »Philosoph« (c5–8)?

Der Politiker lebt in der Realität (= Praxis), der Philosoph in einer Welt des Denkens (= Theorie).

Wir sollten untersuchen, worin diese Lebensweisen sich unterscheiden und welche man wählen muß.

Verstehst du, was ich meine?

KALLIKLES: Nicht ganz (d5).

Wenn Sokrates jetzt sagte, er meine die Philosophie, und der Dialog damit endete, wären wohl nicht nur Leser, die ihn als zu lang empfinden, zufrieden. Doch Platon glaubte offensichtlich, die Entscheidung sei nicht so einfach, und läßt daher Sokrates weiter Fragen stellen und alte und neue wichtige Gedanken vortragen und einen Mythos erzählen und schließlich mit der Empfehlung enden, sich durch ein Leben als Philosoph auf das Leben als Politiker vorzubereiten.

Sokrates rekapituliert.

500d6–501b1 SOKRATES: Wir waren übereingekommen, daß Lust und das Gute verschieden sind und durch verschiedene Handlungen erreicht werden.

KALLIKLES: Ja.

SOKRATES: Ich hatte Koch und Arzt unterschieden. Der Koch bedient sich der »Erfahrung« (*empeiria* 500e5), der Arzt der »Wissenschaft« (*techne*).

Zum Arzt als Wissenschaftler vgl. zu 464c3–465a7.

Der Koch will nur Lust erzeugen, der Arzt arbeitet auf wissenschaftlicher Basis (und will das Gute erreichen, d.h. Kranke heilen).

Die antike Medizin beruhte im wesentlichen auf praktischer Erfahrung, aber es gab bereits medizinische Theorie wie vor allem die Vier-Säfte-Lehre, die jedoch in der Praxis kaum eine Rolle gespielt haben dürfte.

501b1–c8 Es gibt zwei verschiedene die Seele betreffende Handlungen. Die eine will für das Beste (= das Gute) der Seele sorgen, die andere will ihr nur Lust verschaffen.

Diese zweite nenne ich »Schmeichelei« (*kolakeía* 501c3) – sowohl in bezug auf den Körper und als auch die Seele –, wenn es nur um die Erzeugung von Lust geht.

Vgl. 464b2–466a3, wo Sokrates gegenüber Gorgias und Polos die Rhetorik als Schmeichelei definiert hatte.

Bist du derselben Meinung oder widersprichst du?

KALLIKLES: Ich bin anderer Meinung, aber ich stimme zu, damit die Diskussion fortgesetzt wird und ich Gorgias einen Gefallen tue.

Während Sokrates die Rhetorik für schädlich hält, weil sie seiner Meinung nach zu täuschen versucht, hält Kallikles sie (wie Gorgias und Polos) für nützlich, weil sie helfen kann, die Zuhörer zu einer guten Entscheidung zu überreden.

Musik und Tragödie sind Arten der Schmeichelei.

Ein interessanter, aber von der Frage nach dem richtigen Leben abschweifender Exkurs zum Begriff der Schmeichelei.

SOKRATES: Gibt es in bezug auf die Seele nur eine oder viele Arten (der Schmeichelei)? 501d1–502c4

KALLIKLES: Ja, viele.

SOKRATES: Sie wollen der Schar der Zuhörer schmeicheln (*charízesthai* 501d4, = Lust erzeugen), wobei sie nicht das (für die Zuhörer) Beste im Auge haben?

KALLIKLES: Das glaube ich.

SOKRATES: Arten der Schmeichelei für die Seele sind Instrumentalmusik (*auletiké, kitharistiké*), Chorgesang und die Dithyrambendichtung.

Gemeint sind Wettbewerbe bei offiziellen Festen vor großem Publikum.

Glaubst du, daß die Dichter die Menschen bessermachen wollen oder sie nur unterhalten und ihnen Lust verschaffen wollen?

KALLIKLES: Das (zweite) glaube ich.

SOKRATES: Und die ehrwürdige und bewundernswerte Tragödie (502b2), will sie den Zuschauern nur gefallen oder ihnen Nützliches sagen, auch wenn es ihnen nicht gefällt?

KALLIKLES: Offensichtlich will sie den Zuschauern eher Lust verschaffen und gefällig sein.

Auch heute (so wird man sagen dürfen) gehen Menschen ins Theater eher der Unterhaltung wegen, als um sich belehren zu lassen.

SOKRATES: Das aber ist Schmeichelei, wie wir eben sagten?

KALLIKLES: Ja, gewiß.

502c5–d9 SOKRATES: Wenn wir (bei den genannten Arten der Schmeichelei) Musik und Versmaße beiseite lassen, sind das Prosatexte, die dem Volk schmeicheln.
Jetzt sind wir bei der »Rhetorik«, die wir als Schmeichelei für das Volk bezeichnet haben.
KALLIKLES: Ja, gewiß.

Damit ist Platon zur Ausgangsfrage »Was ist Rhetorik?« zurückgekehrt.
Im folgenden geht es um ihren Nutzen. Ist sie nützlich, um in der Volksversammlung bestimmte Entscheidungen für die politische Praxis zu erreichen? Oder sollte sie vielmehr dazu dienen, in der Politik ethische Werte durchzusetzen.
Sokrates hält natürlich das zweite für geboten, da in der Politik »das Gute« der Maßstab sein müsse. Aber er hält die Rhetorik weiterhin für Schmeichelei, d.h. eine Art Betrug, und denkt nicht daran, daß sie auch helfen kann, ethische Werte in der Politik zur Geltung bringen.

Politiker sollten durch ihre Reden die Bürger bessermachen.

Sokrates kommt von der Rhetorik zum eigentlichen Zweck politischer Reden.

502d10–503d3 SOKRATES: Glaubst du, daß die Redner ihre Zuhörer zu möglichst guten Bürgern machen wollen oder daß sie nicht an das Gemeinwohl denken, sondern dem Volk Vergnügen (Lust) bereiten (*charízesthai* 502e5), weil sie sich davon persönliche Vorteile (e6) versprechen?

Für Sokrates dient das Bessermachen dem Gemeinwohl.

KALLIKLES: Die Frage verlangt eine doppelte Antwort: Die einen denken bei ihren Reden an das Gemeinwohl der Bürger, andere tun das nicht.
SOKRATES: Das genügt mir; denn dann sind Schmeichelei und verwerfliche (*aischrá*) Demagogie die eine Art,
die andere dagegen ist schön, weil sie die Bürger möglichst gut machen möchte und für das Beste (das Gute) eintritt, un-

abhängig davon ob es die Bürger gern (mit Lust) oder ungern (mit Schmerz) hören.
Aber solche Redner scheint es nicht zu geben, andernfalls hättest du mir einen nennen können (503b1–3).
KALLIKLES: Von den lebenden weiß ich keinen zu nennen, aber weißt du nicht, wie tüchtig Themistokles, Miltiades, Kimon und Perikles waren?

Themistokles galt als »Sieger von Salamis«, Miltiades als »Sieger von Marathon«, Kimon als »Arm des Staates«, Perikles als »Athens führender Mann«.

SOKRATES: (Das ist der Fall,) wenn die wahre Tüchtigkeit (*areté*), wie du vorhin (492c2–6) sagtest, darin besteht, Begierden zu befriedigen, die eigenen und die anderer Menschen.
Etwas anderes ist jedoch, wenn man – wie wir zugeben mußten – Begierden, die den Menschen »bessermachen«, befriedigen muß, aber nicht Begierden, die ihn »schlechtermachen« (503c4–d1).
Man braucht (um das zu unterscheiden) Fachkenntnis (*techne*).
KALLIKLES: Ich weiß nicht, wie (das möglich ist).

Themistokles hatte als Redner erreicht, daß die Athener zur Seemacht werden wollten und bereit waren, entsprechende Risiken zu akzeptieren. Er verstand also, eine Begierde, die er für gut hielt, zu erwecken und die Athener zu mutigen, also besseren Menschen zu machen.
Kallikles fragt sich, wie Sokrates glauben kann, ein Staat könne funktionieren, wenn Politiker, statt praktische Politik zu betreiben, nur als Moralprediger auftreten.

Bessermachen heißt die Seele in Ordnung bringen.

SOKRATES: Aber wenn du richtig nachdenkst, wirst du es finden (nämlich ob sie Menschen bessergemacht haben).[5] 503d4–504b3
Wir wollen in aller Ruhe prüfen, ob einer von ihnen so war.

[5] Dalfen folgt Burnet, der Zeile 503d4 Kallikles zuteilt.

Ein guter (*agathós*) Mann, der um des Besten willen sagt, was er sagt, wird nicht planlos reden, sondern im Hinblick auf ein Ziel.

Das gilt für Maler, Architekten, Schiffsbauer und alle sonstigen Praktiker. Jeder erschafft ein geordnetes und schönes Werk.

Ebenso haben Sportlehrer und Ärzte das Ziel, den menschlichen Körper in Ordnung zu bringen. Sind wir uns darin einig?

KALLIKLES: Ja (504b3).

504b4–d4 SOKRATES: Wie steht es mit der Seele? Ist sie gut, wenn sie geordnet oder ungeordnet ist?

KALLIKLES: Du meinst wohl Gesundheit und Stärke.

SOKRATES: Ja. Doch was entsteht dort daraus?

KALLIKLES: Warum sagst du es nicht selbst?

SOKRATES: Wenn du willst, gern. Aber wenn du meinst, ich habe recht, dann sage das, wenn nicht, dann widerlege mich und gib nicht nach.

> Sokrates' (momentane?) Bescheidenheit ist bemerkenswert (und als rhetorischer Trick verdächtig?).

Beim Körper bedeutet Ordnung Gesundheit und sonstige körperliche Tüchtigkeit?

KALLIKLES: Ja.

SOKRATES: Bei der Seele bedeutet Ordnung »Regel« (*nomos* »Gesetz«), das heißt »Gerechtigkeit« und »Besonnenheit«. Bist du einverstanden?

KALLIKLES: Ja (504d4).

> Damit erweist sich Kallikles als guter Demokrat. 492b1–c8 hatte er noch den Starken, der sich um Gerechtigkeit und Besonnenheit nicht kümmert, als Ideal hingestellt.

504d5–505a5 SOKRATES: Wird nicht der ausgebildete (*technikós*) und gutartige (*agathós*) »Redner«, wenn er redet und handelt, bei seinen Entscheidungen alles daransetzen, in der Seele der Bürger Gerechtigkeit und Besonnenheit zu erzeugen und sie von Ungerechtigkeit und Zügellosigkeit zu befreien? Gibst du das zu?

KALLIKLES: Ja, ich gebe es zu.

Der Politiker muß als Redner erreichen, daß die Volksversammlung zu vernünftigen Beschlüssen kommt. Auch Kallikles hält das natürlich für wünschenswert.

SOKRATES: Entsprechend wird man einem körperlich Kranken nicht viele und besonders wohlschmeckende Speisen und Getränke geben, die ihm nicht nützen, so daß er weiter krank bleibt?

Ein Politiker soll also nicht Reden halten, die dem Volk gefallen, damit er bei der nächsten Gelegenheit wiedergewählt wird, sondern sollte z.B. für Steuererhöhungen oder soziale Einschränkungen plädieren, wenn er sie im Interesse des Gemeinwohls für notwendig hält.

KALLIKLES: Ja.

SOKRATES: Und den Begierden nach Essen und Trinken eines körperlich Kranken werden Ärzte nicht nachgeben? 505a6–b12

Ebenso wird man bei seelischen Krankheiten – wie Unvernunft, Zügellosigkeit, Rechtsbruch und Religionsfrevel – Begierden eindämmen und auf eine Besserung hinarbeiten?

KALLIKLES: Ja (b10).

SOKRATES: Folglich ist es für die Seele – anders als du (vorhin) behauptet hast – besser, gezügelt als ungezügelt zu sein?

Das heißt, die von Kallikles als höchstes Glück gepriesene grenzenlose Lust des Tyrannen ist schlecht.

Kallikles hat inzwischen eingesehen, daß das mit der Demokratie nicht vereinbar ist.

Kallikles möchte das Gespräch erneut abbrechen.

KALLIKLES: Ich weiß nicht, was du da redest. Frage lieber einen anderen! 505c1–d3

Kallikles, der erstaunlich geduldig geantwortet hat, während Sokrates langwierig logisch beweisen wollte, was der Sache nach längst klar war, nämlich daß es schlechte Lust gibt, ist zu Recht verärgert, weil Sokrates ihn auf seine frühere Definition des Tyrannen festnageln will. Kallikles hatte natürlich, wie man sich denken kann, auch damals nicht gemeint, alle Menschen sollten hemmungslos allen ihren Begierden nachgeben, was Anarchie wäre.

Er will das Gespräch erneut abbrechen, weil er eine Fortsetzung für nutzlos hält.

505c3–506a7 Sokrates: Dieser Mann verschmäht gerade das, was ihm nützt, nämlich das zu erfahren, worüber wir reden, d.h. gezügelt zu werden.

Sokrates meint die durch Gerechtigkeit und Besonnenheit geordnete Seele.

Kallikles: Mich interessiert nichts von dem, was du sagst. Ich habe dir nur geantwortet, weil Gorgias das wünschte.

Kallikles meint, es sei alles Nötige gesagt, nämlich daß nach Sokrates Redner für Ordnung in der Seele der Menschen sorgen sollen. Da er nichts dagegen haben kann, brauche man nicht länger darüber zu diskutieren.

Sokrates: Wir können unser Gespräch doch nicht ohne Ergebnis einfach abbrechen.

Kallikles: Du willst mich zwingen weiterzumachen. Du könntest doch mit einem anderen oder allein reden und deine Fragen selbst beantworten.

Sokrates: Wir können doch die Suche nach der Wahrheit (505e5) nicht einfach aufgeben.

Sokrates glaubt also, die Wahrheit sei noch nicht erreicht, und die Suche müsse weitergehen.

Ich werde daher (allein) weiterreden und sagen, was ich denke. Wenn ich etwas Falsches sage, solltet ihr mich widerlegen. Ich bin der erste, der dann einen Fehler eingestehen wird. Seid ihr dagegen der Meinung, das Gespräch sollte abgebrochen werden, wollen wir es dabei lassen und auseinandergehen.

Gorgias greift wieder ein.

GORGIAS: Ich meine, wir sollten nicht auseinandergehen; denn ich möchte hören, wie du das (deiner Meinung nach) noch Fehlende durchgehst. Die anderen Anwesenden sind nach meinem Eindruck auch dafür (506a4–b3).

Anders als 497b4–5 will Gorgias Kallikles nicht zumuten, weiter zu antworten. Er möchte jedoch hören, wie Sokrates seine Suche nach der Wahrheit fortsetzen will.

SOKRATES: Gorgias, ich würde gern weiter mit Kallikles reden. Und du, Kallikles, höre wenigstens zu und widerlege mich, wenn ich etwas Falsches sage. Ich werde nicht wie du ärgerlich werden, sondern werde dich als größten Wohltäter (*euergétes* 506c2) bei mir registrieren.

»Wohltäter« klingt ironisch spottend.

KALLIKLES: So rede selbst, du Guter, und fahre fort (506c4)!

Die ironische Anrede »du Guter« ist vielleicht eine Anspielung auf Sokrates' unerschütterlichen Glauben an »das Gute«. Sokrates redet allein weiter, aber ab 509c5 übernimmt Kallikles unaufgefordert wieder die Rolle des Antworters.

Sokrates rekapituliert wieder.

SOKRATES *(längere Rede)*: Höre, wie ich unser Gespräch rekapituliere. 506c5–507a4

Sokrates stellt Fragen und gibt in einer Art Selbstgespräch die Antworten und nennt die erreichten Ergebnisse.

Lust und das Gute sind nicht dasselbe (506c6).

Vgl. 499b4–e5.

Lust muß als Ziel das Gute haben (506c9).

Vgl. 500a1–4.

Gutsein bedeutet Ordnung (*taxis* 506d7, *kosmos* e2) und Besonnenheit (507a1) der Seele.

Vgl. 504b4–d4.

Kallikles *(ironisch)*: Rede (= mache nur weiter), du Guter (507a4)!

Kallikles widerspricht Sokrates' Rekapitulation nicht, aber läßt erkennen, daß er seinen Vorwurf der »Sophisterei« (497a6) nicht zurücknimmt.

Sokrates reagiert nicht auf den Zwischenruf und setzt seine Rede zunächst noch als Selbstgespräch, ab 507b4 einfach konstatierend fort.

Besonnenheit macht glücklich.

507a5–c7 Sokrates *(längere Rede)*: Die besonnene Seele ist gegenüber den Göttern fromm und gegenüber den Menschen gerecht (507b4). Der Besonnene ist auch mutig (*andreíos* b5) und handelt entsprechend. Er ist daher glücklich (*makários/eudaímōn* c4). Der Schlechte und Zügellose, den du lobst, ist dagegen unglücklich (*áthlios* c5).

Kallikles hatte 504d4 zugestimmt, daß Gerechtigkeit und Besonnenheit die Grundlage friedlichen Zusammenlebens sind, war aber noch nicht nach dem Glücklichsein gefragt worden.

507c8–e3 Das halte ich für wahr und glaube daher, wer glücklich sein will, muß die Besonnenheit suchen und die Zügellosigkeit fliehen. Die Besonnenheit ist das Ziel (d6) des Lebens – privat und in der Politik – und macht glücklich.

507e3–508a8 Ohne sie gibt es keine Gemeinschaft und Freundschaft (*philía* e5) mit Menschen und Göttern. Nur durch sie gibt es das, was wir Ordnung (*kosmos* 508a2) nennen.

Sokrates redet von der idealen Demokratie. Die Menschen leben friedlich wie Freunde zusammen und achten darauf, daß Wettbewerb und Umverteilung in einem vernünftigen Verhältnis stehen und es nur zufriedene Bürger gibt und keine, die von sich sagen würden, sie seien arm.

Dir entgeht, daß die geometrische Gleichheit bei Göttern und Menschen mächtig ist (*mega dýnatai* a7, »viel vermag«) und nicht die Habgier (*pleonexía* a7), die du empfiehlst.

Sokrates ist hier Realist. Er empfiehlt die geometrische (distributive) Gleichheit, die Wettbewerb erlaubt und damit reges Wirtschaftsleben und Reichwerden möglich macht. Aber der Wettbewerb darf nicht zur rücksichtslosen Habgier werden, weil dadurch der natürliche Abstand zwischen Reichen und Armen zu groß und intolerabel würde.
Die arithmetische (nivellierende) Gleichheit ignoriert die unterschiedliche Begabung von Menschen und fördert dadurch den sozialen Zusammenhalt, aber darf nicht jeden Wettbewerb verhindern, weil das die Wirtschaft ruinieren würde.

Jedes Unrechttun muß bestraft werden.

Wenn meine Behauptung unwiderlegbar und wahr ist, folgt 508a8–c3
daraus, daß Unrechttun – auch eigenes und das von Verwandten und Freunden – vor Gericht mit Hilfe der »Rhetorik« verfolgt werden sollte und schlimmer als Unrechtleiden ist.

Sokrates ist, wie man sieht, gegen die allzu liberale Demokratie, in der Gesetze im Prinzip gelten, aber Verstöße nicht konsequent geahndet werden, weil die Freiheit der Bürger angeblich dadurch zu sehr eingeschränkt würde. Wenn alle Menschen das Sokratische Gute zum Maßstab nähmen, gäbe es kein Unrechttun und folglich auch kein Unrechtleiden.
In einem sog. »Rechtsstaat« wird das Unrechttun möglichst verhindert, aber für das nicht verhinderte Unrechtleiden fühlt sich der Staat nicht verantwortlich. In diesem Staat gibt es daher zwar ein Strafgesetzbuch, aber kein Opfergesetzbuch, d.h. der Staat bestraft die Täter als Rechtsbrecher, überläßt aber deren Opfer sich selbst.

Unrechttun ist schlimmer als Unrechtleiden.

Wir wollen prüfen, ob du recht hast, daß ich mit meiner Ein- 508c4–
stellung weder mich noch meine Freunde vor Unrecht schüt- 509b1
zen kann.

Im antiken Athen gab es keinen Staatsanwalt, sondern jeder Geschädigte mußte seine Sache als Kläger vor einem Geschworenengericht selbst vertreten. Da konnte eine gute Rhetorik natürlich sehr hilfreich sein, weswegen sich Kläger und Angeklagte oft Reden von rhetorischen Experten schreiben ließen, die sie auswendiglernten und vor Gericht vortrugen.

Ich dagegen behaupte, Unrechttun ist für den Täter häßlicher (*aíschion* 508e5) als für das Opfer. Daran halte ich eisern (509a1) fest; denn ich weiß zwar nicht, wie es sich da wirklich verhält, aber bisher hat sich noch jeder, der meiner Behauptung widersprochen hat, lächerlich gemacht (509a7).

»Ich weiß zwar nicht, wie es sich da wirklich verhält«. Sokrates scheint hier selbst zu sehen, daß der Satz »Unrechttun ist schlimmer als Unrechtleiden«, also der Größenvergleich zwischen dem Tun des Täters und dem Leiden des Opfers, irgendwie problematisch ist. Vgl. zu 469e1–2.

»Lächerlich gemacht«, weil jeder Widersprechende sich selbst widersprochen hat. Von seinen Gesprächspartnern im *Gorgias* kann Sokrates das nicht sagen; denn keiner von ihnen hat bestritten, daß Unrechttun in einem Rechtsstaat bestraft werden sollte.

509b1–c5 Unrechttun ist schlimm für den Täter, noch schlimmer ist es, wenn er nicht bestraft wird.

Müßte man dann nicht vor allem gegen den größeren Schaden (das Ausbleiben der Strafe) Abhilfe (*boétheia* b7) schaffen, wenn man sich nicht lächerlich machen will?

Leider kann der Staat niemand hindern, Straftaten begehen zu wollen. Durch Prävention kann er zwar versuchen, Straftaten vorweg zu verhindern, aber in den meisten Fällen kann er nur nachträglich durch Strafen reagieren. Unbestreitbar sind Straftaten schlimm, aber es wäre schlimmer, wenn der Staat nichts dagegen täte, weil das Anarchie wäre.

Kallikles: Ja, nicht anders kann es sein.

Kallikles ist wieder bereit, Sokrates' Fragen zu beantworten; denn als guter Bürger ist er natürlich dafür, daß Missetäter bestraft werden.

Vor Unrechttun schützt »Wollen«, vor Unrechtleiden schützt »Macht«.

SOKRATES: Wir sagen »Unrechttun ist schlimmer als Unrechtleiden«. Aber wie kann man sich vor beidem bewahren? 509c6–510a2
Muß man die Macht (*dýnamis*) dazu haben oder genügt der Wille? Ich frage: Wenn man kein Unrecht *erleiden* will; genügt dann der Wille oder braucht man Macht?
KALLIKLES: Offensichtlich braucht man Macht.
SOKRATES: Wenn man nicht Unrecht *tun* will, genügt dann der Wille oder muß man die Macht und Technik, kein Unrecht zu tun, lernen und üben?

> Wenn jeder Mensch gelernt und geübt hat, bei seinem Tun ständig sorgfältig zu prüfen, ob er sich selbst (seiner Seele) damit schadet, würde er nach Sokrates kein Unrecht begehen wollen. Es kommt daher darauf an, allen Menschen klarzumachen, daß Unrechttun dem Täter schadet.

War mein Übereinkommen mit Polos (468d5–7, 499e6–7) richtig, daß niemand Unrecht tun »will«?
KALLIKLES: Das sei so, damit du deine Rede fortsetzen kannst.

> Wie schon 497c1–2 hält Kallikles die Fortsetzung des Gesprächs mit Sokrates für unnötig, da er meint, die Sache sei geklärt, weil niemand sich selbst schaden will, ist aber bereit, wieder auf Fragen zu antworten.

Darf man Unrechtleiden durch Macht vermeiden wollen?

SOKRATES: Wer kein Unrecht erleiden will, muß im Staat entweder selbst absoluter Herrscher sein oder muß sich dieser Staatsform anpassen. 510a3–b1
KALLIKLES *(ironisch)*: Ja. – Du siehst, ich bin bereit, es zu loben, wenn du etwas Richtiges sagst.

> Kallikles denkt an die Macht des Tyrannen, dem niemand etwas anhaben kann. Dementsprechend sind auch seine nächsten beiden Antworten ironisch.

510b2–e3 SOKRATES: Er wird sich also von Jugend auf daran gewöhnen, einem brutalen und ungebildeten Herrscher/Tyrannen möglichst ähnlich zu sein.

KALLIKLES *(ironisch)*: Ja, sehr.

510e4–9 SOKRATES: Er wird daher üben, ungestraft möglichst viel Unrecht zu tun.

KALLIKLES *(ironisch)*: So sieht es aus.

511a1–7 SOKRATES: Er hat damit seiner Seele geschadet.

KALLIKLES: Das ist wieder deine Verdrehung. Dieser Nachahmer würde vielmehr Nicht-Nachahmer töten und berauben.

»Nicht-Nachahmer« sind friedliche Bürger, die den Verleumdungen und falschen Anklagen eines Mächtigen nicht standhalten und vom Gericht zum Tod und Vermögenseinzug (zugunsten des Klägers) verurteilt werden.

511b1–6 SOKRATES: Aber der Nachahmer ist schlecht und der Nicht-Nachahmer gut. Der Verbrecher tötet also Gute.

Das ist der Satz »Unrechttun ist schlimmer als Unrechtleiden«. Sokrates scheint es nach wie vor irgendwie für tröstlich zu halten, wenn der zum Tod Verurteilte und Hingerichtete kein Unrecht getan hat, also unschuldig ist.

KALLIKLES: Ist nicht eben das empörend?

Kallikles kann über Sokrates' Sicht nur den Kopf schütteln.

Kann das Leben seinen Wert verlieren?

Die Ansicht, es gebe »lebensunwertes« Leben, widerspricht der heutigen offiziellen Konvention, der Staat habe das Leben zu schützen und zu erhalten, auch wenn ein Mensch nicht länger leben möchte. Für Sokrates ist das Privatsache. Er meint nicht, das Leben sei grundsätzlich wenig wert, sondern es gebe Situationen, in denen der Mensch entscheiden müsse, ob für ihn sein »Leben« oder »das Gute« höheren Wert hat.

Nach Sokrates darf sich ein unschuldig Angeklagter zwar verteidigen, aber sollte dabei keinesfalls zu unlauteren Mitteln greifen. Das wäre z.B. Bestechung der Richter oder der Zeugen. Sokrates hält die »Rhetorik« für einen Bestechungsversuch.

SOKRATES: Wer Vernunft (*nous*) hat, kann daran nicht Anstoß nehmen. Soll denn der Mensch nur möglichst lange leben wollen und das durch die mir von dir für Gerichtsverhandlungen empfohlene »Rhetorik« zu erreichen suchen? 511b7–c3

Da können auch wir Sokrates nicht folgen; denn ein Unschuldiger, der von einem Verbrecher angeklagt wird, müßte danach denken, ich möchte lieber zum Tode verurteilt werden als durch Rhetorik gerettet werden.

Als Sokrates im Jahr 399 selbst vor Gericht stand, verhielt er sich demonstrativ so – und wurde prompt zum Tode verurteilt.

KALLIKLES: Ich rate dir gut.

Kallikles hatte schon 485e2–486d1 geraten, sich als Angeklagter vor Gericht nicht auf die Philosophie und seine Unschuld zu verlassen und die Hilfe der Rhetorik nicht zu verschmähen.

Er glaubt natürlich, jeder Angeklagte und auch Sokrates werde dem Rat, rhetorische Mittel anzuwenden, folgen. Dazu gehörte damals, Frau und Kinder mitzubringen, die durch ihre Tränen die Richter zur Milde stimmen sollten.

Sokrates hat das, als er angeklagt wurde, selbstverständlich abgelehnt und hat auch nicht ernsthaft versucht, durch geeignete Worte einen Freispruch zu erwirken.

SOKRATES: Hältst du das Schwimmen für eine großartige Fähigkeit? 511c4–e6

KALLIKLES: Nein.

SOKRATES *(längere Rede)*: Aber es kann doch Leben retten, wenn jemand ins Wasser fällt.

Wie die Rhetorik (vor Gericht) Leben retten kann, so rettet die Seefahrt Leben, wenn sie Menschen und Waren für wenig Geld heil über das Meer bringt.

Dem Kapitän geht es nämlich nicht darum, Leben gerettet zu haben, weil er nicht weiß, ob das seinen Passagieren genützt hat, z.B. daß er einem Schwerkranken ein elendes Leben verlängert hat. 511e6–512b2

Ein Schwerkranker ist wahrscheinlich auch damals lieber am Leben geblieben als mit einem Schiff untergegangen.

Das gilt um so mehr, wenn ein Passagier seelisch schwer erkrankt ist, z.B. ein Schwerstverbrecher. Ob der nun auf See oder vor Gericht vor dem Tode bewahrt wird, ist doch gleich, weil er besser tot wäre, als gezwungen zu sein, sein verbrecherisches Leben fortzusetzen.

Auch der Schwerstverbrecher ist sicher gern lebend davongekommen, besonders wenn er unerkannt als normaler Passagier reiste und keine Hinrichtung fürchten mußte.

512b3–d6 Deswegen ist es nicht üblich, einen Kapitän höher zu schätzen als einen Maschinenbauer (*mechanopoiós*, heute »Ingenieur«) oder einen Heerführer, die doch ganze Städte retten können.

Ist Redenkönnen wertvoller als praktische Arbeit?

Wie kannst du glauben, ein Redner als Verteidiger bei einem Strafverfahren (*dikanikós* b7) stehe über einem Maschinenbauer?

Dieser könnte doch sein Fach loben und behaupten, man müsse unbedingt Maschinenbauer werden (um Leben retten zu können).

Mit welchem Recht verachtest (c4, c8) du den Maschinenbauer und sein Fach?

Natürlich weil du dich (als Redner) für besser (d1) hältst. Aber das ist nicht das, was ich für besser halte, sondern das ist nur die Fähigkeit (*areté* d3), sich und seinen Besitz zu schützen, unabhängig davon, was jemand sonst darstellt. Da ist die Herabsetzung des Maschinenbauers oder Arztes und anderer Berufe, die Leben bewahren, geradezu lächerlich.

Sokrates setzt voraus, daß Kallikles wie Polos (448c9) die Rhetorik für den schönsten Beruf hält.

Das Gute und die Wahrheit sind wichtiger als das Leben.

Ist nicht das Edle und »das Gute« etwas anderes als das bloße Leben? Der wahre Mann hängt doch nicht am Leben, sondern überläßt dessen Dauer dem zuständigen Gott oder dem Schicksal (*heimarméne* e3). 512d6–513a7

Er muß sich vielmehr fragen, ob er in der ihm gegebenen Zeit ein möglichst »gutes Leben« führen kann, wenn er sich seinem Staat anpaßt wie du dem Volk der Athener, um beliebt und einflußreich zu sein.

Geben wir damit nicht, was uns am liebsten sein sollte, preis, um im Staat Macht zu haben?

»am liebsten« = das Gute und die Wahrheit.

Sokrates weiß, daß in der Demokratie Politiker bemüht sein müssen, beliebt zu sein, weil sie sonst nicht für politische Ämter gewählt würden. Aber er hofft, »das Gute« werde sich am Ende durchsetzen, d.h. das Volk werde so vernünftig sein, nur Politiker zu wählen, die ihm die Wahrheit sagen, auch wenn sie ihm nicht gefällt.

Politiker dürfen dem Volk nicht nach dem Munde reden.

Wenn du glaubst, jemand könne dich lehren, wie du als Politiker mächtig sein kannst, ohne dich dem Staat (der Demokratie) anzupassen, täuschst du dich. Du müßtest dich nämlich nicht nur anpassen, sondern ihm von Natur aus ähnlich sein. 513a7–b6

Sokrates wünscht sich Politiker, die sich nicht opportunistisch nach den wechselnden Stimmungen des Volkes richten, sondern stets für »das Gute« einsetzen. Leider können Politiker nicht wissen, was das ist, sondern können sich nur für das entscheiden, was sie für gut halten.

Wer dich dem Staat (der Demokratie) am ähnlichsten macht, der macht dich zu einem Politiker und Redner, wie du es dir wünschst; denn alle hören es gern, wenn ihnen jemand nach dem Munde redet, und ärgern sich, wenn er das nicht tut. 513b6–c6

KALLIKLES: Irgendwie scheinst du recht zu haben, aber mir geht es wie der Mehrheit, ich bin nicht überzeugt.

Kallikles gibt zu, daß ein Politiker dem Volk eigentlich (= der Theorie nach) nie schmeicheln, sondern immer offen die Wahrheit sagen sollte, aber hält an der Erfahrung fest, daß gewöhnlich Politiker gewählt werden, die sich nicht scheuen, dem Volk zu schmeicheln.

513c7–514a4 SOKRATES: Deine Liebe zum Volk (d.h. deine Anpassung ans Volk) widerspricht meiner Auffassung, aber wenn wir das genauer untersuchen, wirst du dich überzeugen lassen.

Sokrates glaubt, Kallikles werde letzten Endes einsehen, daß die Welt besser funktionieren würde, wenn überall »die Wahrheit« und »das Gute« als Maßstab gelten.

Diese schöne Utopie kann Kallikles zwar sympathisch finden, würde sie aber nach wie vor als völlig unrealistisch ablehnen müssen.

Erinnere dich daran, daß wir uns einig waren, bei der Versorgung von Körper und Seele gebe es zwei Stufen, »die Lust« und »das Beste«, wobei die Lust sich als »Schmeichelei« (517d8) erwies.

Muß man nicht versuchen, die Bürger im Staat so gut wie möglich zu machen? Wie wir vorhin gefunden haben, muß die Gesinnung (*diánoia* 514a1) der Unternehmer, die reich werden wollen, und der Politiker, die regieren wollen, schön und gut sein.

Unternehmer und Politiker dürfen nach Sokrates in erster Linie nicht an sich selbst, sondern müssen an das Gemeinwohl denken.

KALLIKLES: Ja, wenn das dir lieber ist (a4).

Kallikles bleibt bei seiner Meinung, daß in Wirtschaft und Politik nicht die gute Gesinnung zählt, sondern der Wettbewerb und der Ehrgeiz, erfolgreicher als andere zu sein.

Politiker sollen die Menschen bessermachen.

SOKRATES: Wenn wir als Politiker mit dem Bau von Stadtmauern, Werften oder Tempeln zu tun haben, müßten wir dann nicht prüfen, ob wir selbst hinreichende Fachkenntnis erworben haben? 514a5–d2
Und müßten wir nicht sogar nachweisen können, daß wir solche Arbeiten und wenigstens den Bau eines Privathauses (b5) erfolgreich praktisch ausgeführt haben? Müßten wir nicht Lehrer (b8) nennen können, von denen wir es von Grund auf gelernt haben?
Wäre es nicht unvernünftig (*anóeton* c7), solche Arbeiten ohne nachgewiesene Fachkenntnisse zu übernehmen?
KALLIKLES: Ja (d2).

Kallikles müßte eigentlich entgegnen, daß Politiker normalerweise nicht Fachleute für den Bau von Stadtmauern, Werften, Tempeln und Privathäusern sind und sein können, es aber gut wäre, wenn sie es wären, weil sie nur dann in der Lage wären, die Auswahl und Arbeit der Fachleute sachkundig zu überwachen.

SOKRATES: Möchten wir als Politiker etwa Ärzte (d4) sein, die für die Gesundheit der Menschen zuständig sind, aber nicht nachweisen können, schon viele Kranke geheilt zu haben? 514d3–e10
Wäre das nicht unvernünftig (*anóeton* e8)?

Sokrates kommt damit von speziellen Fachkenntnissen zum allgemeinen Bessermachen der Menschen, das er für die eigentliche Aufgabe der Politiker hält.

KALLIKLES: Ja.

Kallikles hätte hinzufügen können, daß die allgemeine Erziehung der Bürger sehr wichtig sei, aber Politiker das nicht selbst übernehmen können, sondern es Pädagogen überlassen müssen, die nachweislich schon viele Menschen bessergemacht haben.

SOKRATES: Da du bereits Politiker bist und mich tadelst, weil ich nicht Politiker sein will, stellt sich die Frage, ob einer von uns schon Bürger besser (*béltion* a4) gemacht hat. 515a1–b5

Ist durch dich schon einmal ein Rechtsbrecher und zügelloser und unvernünftiger Mensch ein guter Mensch geworden? Was würdest du antworten? Zögerst du zu antworten, ob dir das schon, bevor du Politiker wurdest, gelungen ist?
KALLIKLES: Du willst immer recht haben.

> Kallikles hält die Frage für unfair, erstens weil er Politiker und nicht Pädagoge sein will und zweitens weil man darüber streiten kann, was »bessermachen« bedeutet. Er könnte Sokrates vorwerfen, seine Schüler untauglich für die Politik zu machen und zu behaupten, sie seien dadurch besser geworden.

515b6–e9 SOKRATES: Nicht aus Rechthaberei frage ich das, sondern weil ich unbedingt wissen will, was wir unter Politik verstehen. Wir waren uns doch oft einig, daß es Aufgabe des Politikers ist, uns Bürger möglichst gut zu machen (c2–4), oder nicht?

> Kallikles hatte 504e5 zugegeben, daß der seriöse Redner die Seele des Menschen gerecht und besonnen machen möchte, aber zu Recht zögert er jetzt, das einfach auf den Politiker zu übertragen.

Antworte! (Da du zögerst) antworte ich an deiner Stelle, daß wir uns einig waren.
Jetzt frage ich dich, ob du immer noch der Meinung bist, daß Perikles, Kimon, Miltiades und Themistokles gute Bürger (und damit gute Politiker) waren.
KALLIKLES: Ja, das bin ich (d2).
SOKRATES: Das heißt, jeder der Genannten hat offensichtlich als guter Politiker die Bürger bessergemacht?
KALLIKLES: Ja (d5).
SOKRATES: Als Perikles zum erstenmal vor der Volksversammlung redete, waren die Athener also schlechter als bei seiner letzten Rede?
KALLIKLES: Vermutlich (d8).
SOKRATES: Nicht vermutlich, sondern zwangsläufig, da er, wie wir uns einig waren, ein guter Bürger (und Politiker) war.
KALLIKLES: Was willst du damit (sagen)?
SOKRATES: Gar nichts, aber heißt es wirklich, die Athener

seien durch Perikles bessergeworden? Ich höre doch das Gegenteil, nämlich er habe die Athener träge, feige, geschwätzig und geldgierig gemacht (e2–7).

Nach Thukydides (2,65,9) hat Perikles dank seiner Rednergabe fast wie ein Monarch jahrelang die Athenische Politik bestimmt. Das heißt, die Volksversammlung folgte willig seinen Vorschlägen, besonders gern natürlich dann, wenn er z.B. beantragte, die Tagegelder der Geschworenen (d.h. der ärmeren Mehrheit der Bürger) zu erhöhen.

Kallikles: Das sagen die mit den zerschlagenen Ohren.

Das waren Athener, die anscheinend spartanischen Boxsport betrieben und die zunehmende Verweichlichung in Athen kritisierten.

Sokrates *(ironisch)*: Wir beide wissen, daß Perikles bei den 515e10–
Athenern, als sie noch schlecht waren, in hohem Ansehen 516b4
stand, aber später, als sie durch ihn besser geworden waren, von ihnen einmal beinahe wegen Unterschlagung zum Tode verurteilt wurde.

Kallikles: War Perikles deswegen etwa schlecht (*kakós* 516a4)?

Sokrates: Würde man einen Viehaufseher nicht für schlecht halten, der zahme Haustiere verwildern läßt und aggressiv macht? Glaubst du das?

Kallikles: Ja, um dir einen Gefallen zu erweisen (b4).

Kallikles stimmt zu, obwohl er den Vergleich der Bürger mit Haustieren vermutlich nicht für passend hält.

Sokrates: Das gilt auch für Menschen, und Perikles war ein 516b5–
Aufseher von Menschen. Und wie wir uns einig sind, hätten d4
sie durch ihn gerechter statt ungerechter (*adikóteroi*) werden müssen, wenn er ein guter Politiker war?

Und zahmer statt aggressiver, und aggressiver sogar gegen ihn selbst, was er doch keineswegs gewollt hat?

Kallikles: Soll ich dir zustimmen (c8)?

Sokrates: Wenn du es für zutreffend hältst.

Kallikles *(ironisch)*: Dann sei es so (c10).

SOKRATES: Wenn aggressiver, dann auch ungerechter, und damit schlechter?

KALLIKLES *(ironisch)*: So sei es (d1).

SOKRATES: Folglich war Perikles kein guter Politiker.

KALLIKLES: Das sagst *du* (d4).

Kallikles hält Perikles weiter für einen guten Politiker, kann aber nicht bestreiten, daß er von der Volksversammlung auch kritisiert wurde. Nach Thukydides (2,65,3) wurde er einmal zu einer Geldstrafe verurteilt.

516d5–517b1 SOKRATES: Auch nach deiner Meinung; denn du hast mir zugestimmt.

Damit steht Meinung gegen Meinung; denn Sokrates kann natürlich nicht behaupten, Kallikles habe ihm bei seiner Meinung zu Perikles zugestimmt. Er führt deswegen die drei schon genannten anderen berühmten athenischen Politiker als Beispiele für – aus seiner Sicht – politisches Versagen an.

Kimon und Themistokles wurden verbannt und Miltiades wurde beinahe hingerichtet. Dazu wäre es doch nicht gekommen, wenn sie so gute Politiker gewesen wären, wie du sagst. Daß z.B. ein guter Wagenlenker anfangs nicht vom Wagen fällt, aber wenn er seine Pferde wie ein Arzt bessergemacht hat und selbst ein besserer Wagenlenker geworden ist, dann doch herunterfällt, das gibt es doch nicht?

KALLIKLES: Das glaube auch ich nicht (516e8).

Kallikles hätte hinzusetzen können, daß Sokrates offensichtlich nicht wisse, wie praktische Politik in der Demokratie aussieht, und sie nicht mit der Erziehung und Lenkung eines Pferdegespanns verglichen werden könne.

SOKRATES: So war richtig, daß wir gesagt haben, es gebe keine guten Politiker in Athen. Du bist zwar der Meinung, früher habe es sie gegeben, jetzt aber hat sich gezeigt, daß auch sie nicht gut waren.

Als Redner beherrschten sie weder die echte noch die schmeichelnde Rhetorik, andernfalls wären sie nicht verurteilt worden.

Sokrates scheint nicht zu sehen, daß praktische Politik nicht möglich gewesen wäre, wenn das Volk in seinem Sinne »besser« geworden wäre und sich die Volksversammlung hauptsächlich mit ethischen Fragen beschäftigt hätte.

KALLIKLES: Aber die von mir genannten früheren Politiker haben doch mehr erreicht als die jetzigen (517a7–b1).

SOKRATES *(längere Rede)*: Ich bestreite nicht, daß die früheren Politiker als Diener (*diákonoi*) des Staates eifriger und erfolgreicher waren, das auszuführen, was das Volk wollte. 517b2–c4

Aber sie haben nicht versucht, die Bürger zu überreden oder gar zum »Besserwerden« zu zwingen,was doch die einzige Aufgabe der guten Bürger (und damit der Politiker) ist.

»oder zu zwingen«: Das ist in der Demokratie nur möglich, wenn ein Politiker das Volk (die Volksversammlung) überredet hat, ein entsprechendes Gesetz zu beschließen. Man könnte denken, Sokrates habe nie an einer Volksversammlung teilgenommen, obwohl er als guter Bürger, der er sein wollte, vermutlich keine versäumt hat.

Ich stimme dir natürlich zu, daß sie beim Bau von Schiffen, Mauern, Werften usw. erfolgreicher waren als die jetzigen Politiker.

Politiker riskieren Bestrafung durch das Volk.

Aber wir machen uns lächerlich, weil wir die ganze Zeit, ohne es zu bemerken, aneinander vorbeireden. 517c4–518a5

Ich glaube nämlich, du hast eingestanden bzw. erkannt, daß es zur Versorgung von Körper und Seele jeweils zwei Berufe gibt.

Beim »Körper« sind das vor allem der Koch und der Arzt. Der Koch dient nur der Befriedigung der Begierde (*epithymía* 517d5, = er erzeugt Lust), der Arzt dagegen weiß, was bekömmlich und was schädlich ist, und sorgt für die Gesundheit (*areté* e8, »Tüchtigkeit«) des Körpers.

Dasselbe gilt nun auch für die »Seele«. Manchmal glaube ich, daß du mich verstanden hast. Aber wenn du dann von guten 518a5–e1

Politikern redest, ist das nicht anders, als ob du die Versorgung des Körpers nicht durch einen Trainer, sondern durch irgendwelche Köche (5–c1) meinst.

Du wärest vielleicht verärgert gewesen, wenn ich dann gesagt hätte, du verstehst nicht, daß man bei der Versorgung des Körpers Koch und Trainer unterscheiden muß, weil du nur von Menschen redest, die Begierden erfüllen und den Körper krankmachen. Die Kranken werden dann nicht den Koch beschuldigen, sondern den Trainer, der ihnen sagt, sie sollten weniger und gesünder essen (c1–e1).

518e1–519b2 Ebenso machst du es jetzt. Du lobst Menschen, die nur Begierden anderer zu befriedigen verstanden, aber den Staat angeblich großgemacht haben. Daß sie den Staat in Wirklichkeit nur äußerlich anschwellen und innerlich verrotten ließen, merken die Menschen nicht. Denn statt mit Besonnenheit und Gerechtigkeit haben jene den Staat mit Häfen, Werften, Mauern, Tributen und derlei Geschwätz angefüllt.

Sobald die Krankheit ausbricht, werden die Bürger die lebenden Politiker beschuldigen, aber Themistokles, Perikles und Kimon, die das Unglück verursacht haben, werden sie loben. Wenn dabei alles Gewonnene verlorengeht, könntest auch du in Gefahr geraten, obwohl du nicht schuldig, sondern vielleicht nur mitschuldig bist.

Der historische Sokrates hat, wie daraus zu entnehmen ist, wohl schon während des Peloponnesischen Krieges – wie auch andere – befürchtet, daß er für Athen nicht zu gewinnen ist.

Wenn Politiker bestraft werden, sollten sie sich nicht beklagen.

519b2–d5 Und etwas ganz Unvernünftiges sehe ich jetzt geschehen und höre es über die früheren Politiker. Wenn nämlich der Staat einen Politiker wie einen Kriminellen anklagt (und bestraft), protestieren sie und jammern, ihnen geschehe Schlimmes, und sagen, viel Gutes hätten sie für den Staat geleistet und würden widerrechtlich ruiniert.

Es gab Geldstrafen, Enteignung und sogar die Todesstrafe.

Das ist ganz falsch; denn der (gute) Lenker eines Staates kann von seinem Staat nicht widerrechtlich ruiniert werden.

Es wäre sozusagen ein Widerspruch, wenn ein Staatslenker, dessen primäre Aufgabe es nach Sokrates ist, die Bürger zu vernünftigen guten Menschen zu machen, von ihnen schlecht behandelt wird. Der betreffende Staatslenker muß also versagt haben und wird zu Recht angeklagt.

Politiker reagieren da wie Sophisten (Privatlehrer), die sonst kluge Leute sein mögen, aber in einem Punkt sich seltsam verhalten. Sophisten wollen nämlich Lehrer der Tugend/Tüchtigkeit (*areté*) sein, aber beklagen oft, daß ihre Schüler das vereinbarte Honorar nicht zahlen. Ihre Klage ist doch unlogisch; denn wenn der Lehrer seine Schüler zu guten und rechtstreuen Menschen gemacht hat, können sie doch nichts Unrechtes tun. Meinst du nicht auch, das wäre ein Widerspruch?

Die meisten Sophisten verstanden unter *areté* eher praktische Tüchtigkeit, also Fähigkeiten wie Rhetorik, Politik, militärische und technische Disziplinen usw. bis hin zu einfachen bürgerlichen Berufen. Aber manche versprachen, ihre Schüler darüber hinaus zu guten Bürgern und Politikern zu machen.

Sokrates hatte Gorgias gefragt, ob seine Schüler bei ihm auch die Unterschiede gerecht/ungerecht, schön/häßlich, gut/schlecht lernten (459d1–2), was Gorgias bei seinen Schülern voraussetzte, aber notfalls nachholen wollte.

»Sonst kluge Leute«: Sophisten sind hier für Sokrates das, was man heute Fachlehrer oder -professoren nennt, d.h. Fachleute für ein Spezialgebiet.

Da hast du mich gezwungen, eine wirklich lange Rede zu 519d5–
halten, weil du nicht antworten wolltest. 520a2

»Gezwungen«: Sokrates hatte anscheinend den Eindruck gehabt, Kallikles' Antworten würden nicht weiterführen, und hatte deshalb keine Fragen gestellt, sondern nur seine eigene Meinung vorgetragen.

KALLIKLES *(ironisch)*: Du bist (wie man sieht) also nicht imstande zu reden, wenn dir keiner antwortet?

Kallikles will sagen, wie sich jetzt gezeigt habe, halte Sokrates selbst gern lange Reden, obwohl er 449b6 lange Reden grundsätzlich abgelehnt hatte.

SOKRATES: Ja, so scheint es. Ich habe wirklich eine lange Rede gehalten, weil du mir nicht antworten willst.
Aber sage mir, scheint es dir nicht unlogisch zu sein, wenn einer behauptet, er habe jemanden gutgemacht, und dann diesen gutgewordenen tadelt, weil er schlecht ist?
KALLIKLES: Ja, doch das sind Leute, die nichts wert sind.

Für Kallikles sind Sophisten, die versprechen, ihre Schüler zu guten Bürgern zu machen, Scharlatane.

520a3–c1 SOKRATES: Was aber würdest du von regierenden Politikern halten, die behaupten, dafür zu sorgen, daß der Staat möglichst gut ist, aber dann sagen, er sei äußerst schlecht?
Sophist und Redner (Politiker) sind dasselbe oder jedenfalls einander ähnlich, wie ich (465c2–3) zu Polos gesagt habe.

Dort hatte Sokrates die Sophistik mit Kosmetik und Kochkunst auf eine Stufe gestellt und sozusagen als Vorstufe der Gesetzgebung verstanden.

Du (520a8) aber hältst die Rhetorik irrtümlich für wichtiger als die Sophistik. In Wirklichkeit gäbe es ohne Sophistik keine Rhetorik, ebenso ohne Gesetzgebung keine Justiz und ohne Sport keine Heilkunst.

Sokrates bezeichnet anscheinend die politischen Diskussionen der Bürger auf dem Marktplatz als Sophistik. Die Meinungen, die sich dort gebildet haben, werden in der Volksversammlung durch rhetorisch geschulte Redner zu Gesetzesanträgen, über die abgestimmt wird. Die Justiz hat für die Einhaltung der beschlossenen Gesetze zu sorgen.
Entsprechend erzeugt der Sport Gesundheit und die Ärzte sind für ihre Erhaltung zuständig. Gemeint ist nicht, daß Sport zu Verletzungen führen kann und deswegen Ärzte gebraucht werden.

Meiner Meinung nach dürften sich jedenfalls politische Redner (*demégoroi* b4) und Sophisten nicht beklagen, sondern müßten sich selbst anklagen, weil das (Gute), was sie zu lehren behaupten, sich als schlecht für sie erweist, ihr Unterricht also nutzlos war. Ist es nicht so?
KALLIKLES: Ja, genau.
Kallikles hätte, statt betont zuzustimmen, antworten können, daß die von ihm gerühmten früheren Politiker (anders als manche Sophisten) vermutlich nie behauptet haben, sie wollten und könnten die Bürger generell bessermachen, und hätten gar wie Sophisten entsprechende Kurse gegen Bezahlung angeboten.

Dürfen Politiker Lohn verlangen?

SOKRATES: Politiker und Sophisten müssen das Gute, das sie 520c2–521a1
(angeblich) tun (*eu-ergesía*), ohne Lohn hergeben, wenn sie wirklich das tun, was sie behaupten (nämlich Gutes).

> Wer behauptet, Menschen »besser« zu machen, darf nach Sokrates keine Gegenleistung verlangen. Ein Politiker darf nicht erwarten, für Fehler nicht bestraft zu werden, ein Sophist darf kein Honorar verlangen.
> Wenn Politiker dafür sorgen, daß der Staat gut funktioniert, und Sophisten dafür, daß ihre Schüler gute Menschen sind, belohnen sie damit sich selbst. Die Politiker müssen dann keine Bestrafung befürchten, die Sophisten können sicher sein, daß ihre Schüler das vereinbarte Honorar zahlen.

Anders ist es, wenn beim Sport ein Trainer vergessen hat, einen Lohn zu vereinbaren, und ein Läufer nicht zahlen will. Das kann vorkommen, weil ein Trainer den Läufer nur von seiner Langsamkeit, aber nicht von seiner Ungerechtigkeit befreit. Gibt es das?
KALLIKLES: Ja.
SOKRATES: Darum scheint ein Honorar für Beratung, z.B. beim Bau eines Hauses, nicht verwerflich (*aischrón*) zu sein.

Beim Hausbau braucht man einen Architekten, wenn man selbst nicht über die nötigen Fachkenntnisse verfügt.

KALLIKLES: So scheint es (520e1).

SOKRATES: Wenn es jedoch darum geht, einem Menschen zu raten, wie er sein Haus oder den Staat möglichst gut verwaltet, gilt es als verwerflich, nur gegen Honorar Rat zu erteilen. Richtig?

Praktische Hausverwaltung und Politik folgen keinen festen Regeln, weil jeden Tag neue kleinere und größere Probleme auftauchen können. Da sind Ratschläge von Freunden oft hilfreich, aber man würde sich sehr wundern, wenn sie dafür ein Honorar verlangten.

Der historische Sokrates gab vielleicht Freunden auch praktische Ratschläge zur Hausverwaltung und Politik, aber lehrte vor allem *areté* im Sinne der Tugend, riet also zu einem ethisch guten Leben. Dafür ein Honorar zu verlangen, hielt er für einen Widerspruch, weil jeder Bürger im eigenen Interesse dafür sorgen müsse, daß möglichst alle Bürger gute, besonnene Menschen sind.

KALLIKLES: Ja (520e6).

Kallikles kann zustimmen, obwohl er es für gerecht hält, daß Starke mehr bekommen (= gewisse Vorrechte haben); denn auch die Starken müssen im eigenen Interesse besonnen sein und dürfen nicht skrupellos auf ihren Vorteil bedacht sein, weil das die soziale Ordnung gefährdet und (wie die Erfahrung von 1789 in Frankreich zeigt) zur Revolution führen kann.

Wer Gutes erfahren hat, tut gern selbst Gutes.

SOKRATES: Offensichtlich ist dies der Grund, warum von allen nützlichen Diensten allein diese (kostenlose Beratung) beim Empfänger den Wunsch erweckt, selbst etwas Gutes zu tun, so daß eine gegenseitige Hilfsbereitschaft zum Prinzip wird. – Ist das nicht so?

KALLIKLES: Es ist so.

Sollen Politiker Diener oder Erzieher des Staates sein?

SOKRATES: Zu welcher der beiden Arten, für den Staat zu sorgen, du mich aufforderst, das entscheide du für mich. Soll ich dafür kämpfen, daß die Athener möglichst gut werden, wie ein Arzt oder wie ein Dienender, der ihnen gefällig sein will (also wie ein Koch)? 521a2–c6
Sage mir wie bisher offen deine Meinung.
KALLIKLES: Also sage ich, du sollst ihr Dienender (*diakonésōn*) sein.
SOKRATES: Du rätst mir also, ihnen zu »schmeicheln«?
KALLIKLES: Wäre es dir lieber, wenn ich »Sklave aus Mysien« sagte? Denn wenn du nicht dazu bereit bist, dann werden sie ...
SOKRATES *(ihn unterbrechend)*: Sage nicht, was du schon oft gesagt hast, nämlich daß mich jeder (durch eine Anklage vor Gericht) nach Belieben töten könnte.
Da würde ein Schlechter (*ponerós*) einem Guten (*agathós*) etwas antun.

Kallikles hatte das 511b6 »empörend« genannt.

Sage auch nicht, daß er mir mein Hab und Gut, falls ich so etwas habe, nehmen würde, damit ich nicht wieder sage, er würde sich dadurch selbst schaden.
KALLIKLES: Du scheinst zu glauben, dir könne so etwas nicht geschehen, so als ob du weitab wohntest und nicht von jedem schlechten Menschen angeklagt werden könntest.
SOKRATES: Mir ist klar, daß das in diesem Staat jedem geschehen könnte, aber ich weiß auch, daß mein Ankläger schlecht (*ponerós*) wäre; denn kein Guter (*chrestós*) würde einen Unschuldigen verklagen. 521c7–d5
Es wäre übrigens nicht verwunderlich, wenn ich zum Tode verurteilt würde. Willst du wissen, warum ich das glaube?
KALLIKLES: Ja, selbstverständlich (d5).

Warum Sokrates als Politiker zum Tode verurteilt würde.

521d6–522b2 SOKRATES: Ich glaube, daß ich »der wahre Politiker« bin. Aber da ich immer sage, was ich für das Beste halte, und nicht, deinem Rat folgend, das, was die Menschen gern hören, werde ich nicht wissen, wie ich mich vor Gericht verteidigen soll.
Wie ich schon zu Polos gesagt habe, wird es mir gehen wie einem Arzt (521e4), der sich vor Kindern gegen einen Koch verteidigen muß.
Wenn der Koch dem Arzt vorwirft, er schade den Jüngsten durch allerlei schmerzhafte Maßnahmen wie z.B. bittere Medizin und Fasten, und sagt, er habe ihnen bisher mit wohlschmeckenden Speisen nur Freude bereitet, und der Arzt daraufhin die Wahrheit vertritt und erklärt, die genannten Maßnahmen dienten der Gesundheit, würden ihn dann die Kinder nicht niederschreien?
KALLIKLES: Wahrscheinlich, muß man wohl annehmen (522a8).
SOKRATES: Wäre es dann nicht sehr schwierig für ihn, darauf zu antworten?
KALLIKLES: Ja, sehr.

522b3–c6 SOKRATES: So würde es mir vor Gericht ergehen; denn ich werde nichts anführen können, was den Bürgern Freude (»Lust«) bereitet.
Aber ich beneide nicht diejenigen (Politiker), die das (Lust bereiten) getan haben, und ebensowenig diejenigen (Bürger), die davon profitiert haben.

Politiker und Bürger wissen nicht, daß die Lust, die sie bereiten bzw. empfinden, zu einem Schaden führen kann.

Und wenn jemand sagt, ich verderbe die Jugend und mache sie lebensuntüchtig und tadle die Alten wegen ihres privaten und politischen Verhaltens, kann ich nur antworten: Das tue ich zu eurem Besten, hohes Gericht.
Da werde ich wahrscheinlich verurteilt werden.
KALLIKLES: Glaubst du denn, es sehe gut aus für einen Men-

schen, der sich im Staat so verhält und sich nicht zu helfen weiß?

Wichtiger als das Leben ist das »nichts Unrechtes (ádikon) Tun«.

Sokrates: Wenn jemand, was du oft zugestanden hast, gegenüber Menschen und Göttern nichts Unrechtes getan hat, weder in Worten noch Taten, ist das nach unserer Meinung die stärkste Hilfe. 522c7–e1

Kallikles könnte hier sofort protestieren und fragen, wie ein unschuldig Angeklagter, der kein Alibi hat, anders die Richter von seiner Unschuld überzeugen sollte als durch Reden und notfalls auch durch Rhetorik.

Wenn mir jemand beweisen kann, daß ich nicht imstande bin, diese Hilfe (meine Unschuld) zu nutzen und deswegen zum Tode verurteilt werde, würde ich mit mir nicht zufrieden sein.

Sokrates scheint zu glauben, die Richter nüchtern argumentierend überzeugen zu können, auch wenn er nichts vorzubringen hat, was seine Unschuld beweist.

Wenn ich aber aus Mangel an schmeichelnder Rhetorik sterben müßte, würde ich den Tod leicht ertragen.

Für Sokrates ist die Rhetorik Bestechung, also ein strafbares Vergehen. Vgl. die Vorbemerkung zu 511b7–c3.

Denn den Tod fürchtet niemand, der nicht ganz unvernünftig 522e1–8
und feige ist. Nur das Unrechttun wird gefürchtet.

Das klingt als Forderung zu allgemein, aber es gab immer schon Menschen, die mutig den Tod auf sich nahmen, weil sie ein Prinzip, daß sie für gut hielten, nicht verraten wollten.

Als mit Unrechttun angefüllte Seele in die Unterwelt zu kommen ist das Schlimmste, was einem geschehen kann.
Soll ich dir erklären, warum das so ist?
Kallikles: Nachdem du das andere (unser Gespräch) abgeschlossen hast, füge auch dies abschließend hinzu.

Der Mythos vom Totengericht

Danach ist der körperliche Tod des Menschen nebensächlich, entscheidend ist der Zustand der Seele bei der Ankunft im Jenseits, weil dort entschieden wird, wie es mit der Seele weitergeht.

523a1–524a7 SOKRATES: Ich will dir etwas erzählen, was du für einen Mythos (Märchen, Fiktion) hältst, ich aber für Wahrheit halte.
Die guten Seelen (der Verstorbenen) kommen auf die Inseln der Seligen (523b1), die schlechten in den Tartarus (b3).
Anfangs wurde das am Sterbetag entschieden, was zu Ungerechtigkeiten führte, weil die Seelen im Körper steckten und die Vornehmen schönere Kleider trugen und ansehnlicher waren und die Entscheidungen daher ungerecht waren, weil sie nicht nach Verdienst erfolgten (b4–6).
Das führte zu Beschwerden bei Zeus (c1), der daraufhin verfügte, daß das Gericht erst nach dem Tod der Menschen stattfindet und die Seelen der Menschen nackt (e1) vor die Richter treten müssen.
Minos, Rhadamanthus und Aiakos richten dort, wo der eine Weg zu den Inseln der Seligen, der andere in den Tartaros führt.

Sokrates interpretiert den Mythos.

524a8–525a7 Diesen Mythos halte ich für wahr und daraus erschließe ich folgendes:
Tod bedeutet Trennung von Seele und Körper. Beide bewahren nach dem Tod zunächst ihren Zustand.
Am Körper sind alle Eigenschaften und Schäden wie Narben und andere Verletzungen sichtbar (524c6–d3).
Auch an der Seele sind, glaube ich, wenn sie vom Körper entkleidet ist, alle Eigenschaften erhalten. Ebenso sind die Schäden, die ihr die Begierde im Leben zugefügt hat, zu erkennen. Das gilt auch für Könige und andere Herrscher und

deren Meineide und Untaten wie Lügen, Hochmut und dergleichen.

Der Zweck der Strafen

Gerechte Strafe soll zur Besserung des Täters führen oder für andere als Warnung dienen, hier und in der Unterwelt. 525a8–526d2

> Sokrates nimmt an, daß die durch Strafe in der Unterwelt gebesserten Seelen ins Diesseits zurückkehren. In Platons *Staat* dürfen sie sich Verkörperungen aussuchen.

Die Seelen der größten Verbrecher sind unheilbar und erleiden in der Unterwelt ewige schwere Strafen und dienen als warnende Beispiele zur Abschreckung (525c1–8).
So wird es auch Archelaos ergehen; denn er wird nach seinem Tod ein abschreckendes Beispiel wie Tantalos und Sisyphos sein (d1–e2).
Alle, die nicht so mächtig waren und deswegen nicht so große Verbrechen begehen konnten, gelten als heilbar und können sich darüber freuen (= Lust empfinden).
Nur selten ist ein Mächtiger gut und gerecht; denn Macht verleitet zum Unrechttun (526a2–b4).
Die drei Richter prüfen die Seelen und schicken die verbrecherischen und unheilbaren zur ewigen Bestrafung in den Tartaros, die seltenen guten, die zurückgezogen und der Wahrheit und Philosophie verpflichtet gelebt haben, auf die Inseln der Seligen (b4–d2).

> Daß Sokrates Seelen, die sich (wie er) im Leben von der Politik ferngehalten haben, auf die Inseln der Seligen schicken läßt, wo sie dann anscheinend ein ewiges glückliches Leben genießen, entspricht seiner Überzeugung, daß ein »gutes Leben« nur fern der Politik möglich ist.
> Kallikles hätte hier (wie 481c) scharf protestieren können; denn Sokrates überläßt damit die Politik Mächtigen, die zwar keine Schwerstverbrecher, aber überwiegend weder gut noch gerecht sind.

Letzte Ratschläge für Kallikles

526d3–527a4 Mich überzeugen diese Erzählungen, Kallikles, und ich möchte mit möglichst gesunder Seele vor den prüfenden Richter kommen.

Mir liegt nichts an menschlichen Ehrungen, sondern ich suche die Wahrheit (526d6) und möchte hier ein möglichst gutes Leben führen und so irgendwann sterben.

Dasselbe rate ich allen Menschen, und daher rufe ich auch dich (e2) zum Wechsel zu diesem Leben auf, das besser ist als alle hier üblichen Lebensweisen (e3–4).

Ich werfe dir vor, dir selbst nicht helfen zu können, wenn du vor dem Totenrichter (e6) stehst. Du wirst dann so hilflos sein wie ich deiner Meinung nach vor einem irdischen Gericht.

527a5–d4 Du hältst das vielleicht für ein Märchen, wie es Großmütter erzählen. Über diesen Irrtum brauchte man sich nicht zu wundern, wenn wir etwas Besseres und Wahreres finden könnten.

Sokrates wundert sich, wie jemand nicht an die Wahrheit des Mythos glauben kann, gibt aber zu, daß der Mythos nur ein Notbehelf ist, weil die Existenz des Totengerichts nicht wissenschaftlich zu beweisen ist. Er selbst hält sich an den »Glauben«, weil das »Wissen« versagt.

Nun aber habt ihr drei weisesten Griechen (527a9) mir nicht beweisen können, man müsse anders leben als im Hinblick auf das Jenseits.

Sie hatten gar nichts beweisen wollen, sondern hatten nur darauf verwiesen, daß das reale irdische Leben nicht theoretischen idealen Grundsätzen folgt, aber trotzdem praktisch einigermaßen funktionieren kann. Das ist der Fall, wenn es Wettbewerb/Umverteilung/Strafrecht/Rhetorik gibt.

Die Demokratie braucht kluge und verantwortungsbewußte Politiker, die als gute Redner das Volk überzeugen können, ihren Ratschlägen zu folgen. Ob diese Ratschläge sich in der Zukunft als richtig erweisen, hängt davon ab, ob Politiker künftige politische Entwicklungen richtig einschätzen und drohende Gefahren nicht ignorieren und vor sich herschieben.

Da alle anderen (d.h. eure) Reden widerlegt sind, bleibt der Satz »Unrechttun ist schlimmer als Unrechtleiden« bestehen (b2–5).

Sokrates scheint ernsthaft zu glauben, die Realität, an die seine Gesprächspartner ihn erinnert haben, lasse sich widerlegen. Das »Unrechtleiden« hätte er, wie schon gesagt, besser wegelassen; denn bei dem Totengericht geht es (wie in einem heutigen »Rechtsstaat«) allein darum, ob ein Rechtsbruch vorliegt. Das Leiden des Opfers spielt, wenn überhaupt, nur indirekt eine Rolle.

Ebenso wichtig ist, nicht gut zu »scheinen«, sondern gut zu »sein« (b5–6).

Danach kommt es vor Gericht nicht darauf an, rhetorisch einen guten Eindruck auf die Richter zu machen, sondern man muß seine Unschuld beweisen können.

Bestrafung der Unrechttuenden muß es geben, weil das der Wahrung des Rechtes dient (b7–c1).

Da kann Kallikles und jeder der Anwesenden nur zustimmen.

»Rhetorik« darf nicht Schmeichelei sein, sondern muß immer für das Recht eintreten (c1–4).

Sokrates setzt Schmeicheln und Täuschen gleich. Er vergißt, daß die Rhetorik auch helfen kann, vor Gericht und in der Volksversammlung die Wahrheit und das Recht durchzusetzen. Auch heute empfiehlt es sich, gegenüber Richtern oder Wählern bescheiden und respektvoll aufzutreten, wenn man freigesprochen bzw. gewählt werden will.

Wenn du auf mich hörst und mir folgst, wirst du im Diesseits und im Jenseits glücklich sein (c4–6).

Darum ertrage (hier) Beschimpfungen und Schläge. Denn sie sind nicht schlimm (*deinón*), wenn du die Tugend (als Maßstab) benutzt und dich darin übst.

Sokrates bemerkt nicht, daß er damit seiner Forderung nach Bestrafung der Unrechttuenden (b7–c1) widerspricht. Die Demokratie kann nicht funktionieren, wenn friedliche Bürger Beschimpfungen und Schläge klaglos hinnehmen; denn das bedeutet, daß weniger friedliche Bürger sie ungestraft beschimpfen und schlagen dürfen, was mit einem Rechtsstaat unvereinbar ist.

Nur wenn man weiß, was Gerechtigkeit und Tugend ist, sollte man Politiker werden.

527d4–e7 Erst nachdem wir uns gemeinsam geübt haben, wollen wir in die Politik gehen oder, wo wir es für nötig halten, Ratschläge erteilen, da wir dann besser als jetzt dazu geeignet sind (d2–5). Es wäre schändlich (*aischrón*), in unserem jetzigen, offensichtlich ungeeigneten Zustand so zu tun, als ob wir das könnten, obwohl wir in allem verschiedener Meinung sind (d5–7).

Sie wären ein schlechtes Gespann, weil Kallikles etwas von realer Politik versteht, aber kein höheres theoretisches Wissen sucht, während Sokrates nichts von Politik versteht, aber glaubt, es komme allein auf das (übermenschliche) höhere Wissen an.

Wenn Sokrates irgendwann später gemeinsam mit Kallikles in die Politik eintreten will, um die Realität zu verbessern, riskieren sie, daß die Realität inzwischen durch andere Politiker so schlecht geworden ist, daß ihr Rettungsversuch zu spät käme.

Ganz abgesehen davon, müßte Sokrates dann in der Volksversammlung für ein möglichst hohes Amt kandidieren, d. h. gegen andere Kandidaten antreten, die bereit sind, dem Volk zu schmeicheln und deswegen wahrscheinlich eher gewählt werden.

Wir haben uns (bei unserem Streit) auf das allerwichtigste Thema eingelassen, ohne darauf hinreichend wissenschaftlich vorbereitet zu sein.

Darum wollen wir die Rede, auf die wir gekommen sind (den Mythos), als Führer nutzen.

Er zeigt uns die beste Art zu leben, nämlich sich im Leben und Sterben an Gerechtigkeit und Tugend zu halten.

Die mir von dir empfohlene Lebensform ist nichts wert, Kallikles.

Das ist ein vernichtendes Urteil eines rigorosen Idealisten über die Realität. Wir wissen heute aus Erfahrung, daß rigoroser Idealismus in der politischen Realität schon viele Millionen Menschenleben gekostet hat.

Wir werden zugeben, daß die demokratische Realität verbesserungsfähig ist, aber wer sie verbessern will, muß rechtzeitig in die Politik einsteigen.

Platon läßt offen, wie Gorgias, Polos, Kallikles und die anderen Anwesenden auf Sokrates' abschließende Rede reagieren. Sind sie nachdenklich (was Sokrates erhoffte) oder kopfschüttelnd auseinandergegangen?

Sokrates hat keinen seiner Gesprächspartner widerlegen und überzeugen können, sondern hat ihnen zuletzt nur wie ein Theologe oder Metaphysiker seinen Glauben an eine übermenschliche Instanz entgegengehalten.

Man kann also sagen, Platon läßt den Dialog *Gorgias* mit einem Fragezeichen für den Leser enden.

LITERATURHINWEISE

Griechischer Text

Burnet, I. Platonis Opera, Tomus III, Oxford 1903 (Reprint 1954).

Übersetzungen und Kommentare

Schleiermacher, F.: Platon in acht Bänden, Band II. Hrsg. G. Eigler, Bearbeiter H. Hofmann. Darmstadt 1973.

Apelt, O.: Platon. Sämtliche Dialoge. Band I. Hamburg 1919 (Nachdruck 2004).

Dodds, E. R.: Plato, Gorgias. A Revised Text with Introduction and Commentary. Oxford 1959.

Irwin, T.: Plato, *Gorgias*. Translated with Notes. Oxford 1979.

Dalfen, J.: Platon, Gorgias. Übersetzung und Kommentar. Göttingen 2004 (umfangreiche Bibliographie).

Ältere Literatur

Wilamowitz-Moellendorff, U. v.: Platon. Sein Leben und seine Werke. Berlin 1919, ^{2}1920 (208–235: *Gorgias*).

Jaeger. W.: Paideia. die Formung des griechischen Menschen. Berlin 1933–1947 (188–227: »Platos Gorgias: Der Erzieher als der wahre Staatsmann«).

Shorey, P.: What Plato said. Chicago 1934 (133–154: Gorgias).

Duchemin, J.: Remarques sur la composition du »Gorgias«, Revue des Etudes Grecques 56, 1943, 265–286.

Reiner, H.: »Unrechttun ist schlimmer als Unrechtleiden«. Zur Beweisführung des Sokrates in Platons Gorgias. Zeitschr. f. philosoph. Forschung 11, 1957, 548–555.

Goldschmidt, V.: Les dialogues de Platon. Structure et méthode dialectique. Paris 1963.
Bröcker, W.: Platos Gespräche. Frankfurt a.M. 1964 (85–109: Gorgias).
Vlastos, G.: Was Polus refuted? American Journal of Philology 1967, 454–460.
Guthrie, W. K. C.: A History of Greek Philosophy. Volume IV. Cambridge 1975 (284–312: »The Gorgias«).
Moreau, J.: »Si Gorgias m'était conté …«. Revue de l'Enseingement philosophique 31, 1980–81, 70–78.
Tarrant, H.: The Composition of Plato's Gorgias. Prudentia 14, 1982, 3–22.
Klosko, G.: The Refutation of Kallikles in Plato's *Gorgias*. Greece & Rome 31, 1984, 126–139.
Archie, J.P.: Callicles‹ redoutable critique of the Polus Argument in Plato's ›Gorgias‹, Hermes 112, 1984, 167–176.
Stemmer, P.: Unrecht tun ist schlechter als Unrecht leiden. Zur Begründung moralischen Handelns im platonischen Gorgias. Zeitschr. f. philosoph. Forschung 39, 1985, 501–522.

Neuere Literatur

Janka, M./Schäfer, Ch. (Hrsg.): Platon als Mythologe. Neue Interpretationen zu den Mythen in Platons Dialogen. Darmstadt 2002.
McCoy, M.: Plato and the Rhetoric of Philosophers and Sophists. Cambridge UP 2008.
Schofield, M. (Ed.), Translation by T. Griffith: Plato. Gorgias, Menexenos, Protagoras. Cambridge 2010.
Tarnopolsky, C. H.: Prudes, perverts, and tyrants. Plato's Gorgias and the Politics of Shame. Princeton 2010.
Seeck, G. A.: Meinungsstreit in Platon Dialogen Phaidros, Gorgias und Protagoras. Würzburger Jahrbücher 25, 2011, 41–71.
Pedrique, N.: Logos dynastes. Dichtung und Rhetorik in Platons Gorgias. Frankfurt a.M. 2011.

Dreßler, J.: Wortverdreher, Sonderlinge, Gottlose. Kritik an Philosophie und Rhetorik im klassischen Athen. Berlin 2014.

Humar, M.: Rhetorik der Verunsicherung. Affekt-Strategien in den platonischen Frühdialogen. Berlin 2014.

Long, C. P.: Socratic and Platonic Political Philosophy. Practicing a Politics of Reading. Cambridge UP 2014.

Mittelstraß, J.: Die griechische Denkform. Von der Entstehung der Philosophie aus dem Geiste der Geometrie. Berlin/Boston 2014.

Hartmann, L.: Die grosse Rede des Timaios – ein Beispiel wahrer Rhetorik? Zur Theorie und Praxis in Platons Dialogen Gorgias, Phaidros und Timaios. Basel 2017

Kamtekar, R.: Plato's Moral Psychology. Intellectualism, the Divided Soul, and the Desire for God. Oxford 2017.

Keyt, D.: Nature and Justice. Studies in the Ethical and Political Philosophy of Plato and Aristotle. Leuven 2017.

Liebersohn, Y. Z.: ›Arts which achieve their Objects through Silence‹. Plato's Gorgias 4494e1–451d8. Hermes 145, 2017, 431–444.

Vasiljevic, M.: Idealizing Politics abolishes the Eschaton. Philotheos 17, 2017, 89–96.

Habermas, J.: Auch eine Geschichte der Philosophie. Berlin 2019 (wie Platons *Gorgias* zum Konflikt zwischen Glauben und Wissen).

SACHREGISTER